LISA BÜNTJER

PANIK ATTACKEN ANGST

Alle Ratschläge in diesem Buch wurden vom Autor und vom Verlag sorgfältig erwogen und geprüft. Eine Garantie kann dennoch nicht übernommen werden. Eine Haftung des Autors beziehungsweise des Verlags für jegliche Personen-, Sach- und Vermögensschäden ist daher ausgeschlossen.

www.edition-jt.de

Für Fragen und Anregungen:
info@edition-jt.de
Auflage 2024

Inhalt

Vorwort

Sie ist oft nicht greifbar und doch für viele Menschen permanent präsent: die Angst. Oftmals fühlt man sich seinen Ängsten hilflos ausgeliefert. Man fühlt sich alleine und zieht sich immer weiter zu-rück. Das komplette Leben wird plötzlich von den eigenen Ängsten und wiederkehrender Panik überschattet. Ein normaler Alltag? Undenkbar! Vielleicht kennen Sie dieses Gefühl selbst oder haben in Ihrem Umfeld eine Person, die unter Ängsten und Panikattacken leidet? In welcher Form auch immer Sie von dem Thema betroffen sind – dieser Ratgeber wird Ihnen helfen, eine völlig neue und ermutigende Sichtweise darauf zu bekommen! Auf den nächsten Seiten werden Sie lernen, weshalb Panikstörungen kein Schicksal sind, dem man sich hilflos ergeben muss. Sie werden erfahren, wie Sie aktiv gegen Ängste und Panikattacken vorgehen können und so die Kontrolle über Ihr eigenes Leben zurückbekommen!

Wenn die Angst lähmt ...

„Das Herz schlägt immer heftiger, das Atmen fällt schwer und auf der Stirn bilden sich Schweißperlen. Die Angst wird immer schlimmer: Bekomme ich genug Luft? Muss ich ersticken? Sterben? Die Gedanken kreisen und die Angst schaukelt sich immer weiter hoch. So stark, dass es unmöglich ist, einen klaren Gedanken zu fassen. So stark, dass sie mich auch die nächsten Tage und Wochen noch begleiten wird. So stark, dass ich glaube, ich muss sterben."
(Quelle: anonym)

So oder so ähnlich kann sich eine Panikattacke anfühlen. Nicht selten durchleben Betroffene dabei regelrechte Todesängste. Sie fürchten, dass ihr Herz aufhören könnte, zu schlagen, sie keine Luft mehr bekommen könnten oder den Verstand verlieren. Dabei ist körperlich alles in Ordnung mit ihnen – es ist die Angst in ihrem Kopf, die ihnen einen Streich spielt. Genau diese Angst ist für viele Menschen ein täglicher Begleiter. Sie hindert sie daran, einen normalen Alltag zu führen, eine unbeschwerte Zeit mit Freunden und Familie zu verbringen, im Beruf durchzustarten oder einfach mal abzuschalten. Kurz um: Sie hindert sie am Leben.

Das Tückische an der Angst ist nämlich: Sie befeuert sich selbst. Das heißt: Betroffene entwickeln ausgehend von einer einzelnen Panikattacke eine Angst vor der Angst. Sie fürchten sich also vor dem erneuten Auftreten einer Panikattacke und richten (unterbewusst) ihren kompletten Alltag da-nach aus, indem sie zum Beispiel bestimmte Orte oder Situationen bewusst vermeiden. Leider verschlimmern sich Ängste durch genau dieses Verhalten und man gerät in einen regelrechten „Teufelskreis" der Angst, aus dem ein Entkommen nur schwierig ist. Die gute Nachricht ist jedoch: Auch wenn ein Entkommen schwierig ist, ist es durchaus möglich! Sie alleine haben es nämlich in der Hand, Ihren Ängsten (gegebenenfalls gemeinsam mit einem Therapeuten oder anderer professioneller Hilfe) den Kampf anzusagen! In diesem Ratgeber geht es genau darum: zu lernen, wie Sie selbst etwas gegen Ihre Angst tun können. Grundlegend ist hierfür zunächst ein Einblick in die Entstehung von Angst. Wer versteht, wie Ängste in unserem Körper entstehen und wodurch sie ausgelöst werden, kann leichter gegen sie vorgehen. Außerdem lernen Sie auf den nächsten Seiten zahl-reiche Methoden, Techniken, Tipps und Tricks kennen, wie Sie aktiv gegen Ihre Ängste vorgehen und im Alltag besser mit Ihnen umgehen können. Sie erhalten also Hilfe zur Selbsthilfe und werden dadurch schon bald einen großen Unterschied in Ihrem Alltag erleben. Zögern Sie also nicht und lernen Sie, sich und Ihren Körper besser zu verstehen, um Ängste in den Griff zu bekommen und Ihr Leben und Ihre Selbstbestimmtheit zurückzugewinnen!

Hinweis: In diesem Buch finden Sie einen QR-Code, der Sie zu einer Audiodatei führt. Falls Sie keine Möglichkeit haben, den QR-Code zu scannen, können Sie die Datei auch über diesen Link finden: https://bit.ly/46z7pgC

Unter der Lupe: Von Ängsten, Panik & Herzklopfen

Jeder Mensch hat und kennt sie: Ängste. Kein Mensch ist völlig frei davon – und das ist auch gut so. Ängste retten uns im Alltag nämlich permanent das Leben, zum Beispiel, wenn wir vor dem Gang über die Straße nach links und rechts schauen, uns auf einem gefährlichen Weg an einem Geländer festhalten oder bei einem Unwetter lieber zu Hause bleiben. Auch, wenn es uns oft nicht bewusst ist, sind Ängste im Alltag echte Lebensretter und somit enorm wichtig.

Ängste können allerdings auch zur Belastung werden – und zwar dann, wenn sie ein übersteigertes Ausmaß annehmen. In solchen Fällen wird von sogenannten Angsterkrankungen gesprochen. Sie zählen neben Depressionen mitunter zu den häufigsten mentalen Erkrankungen in der Bevölkerung.

Zu unterscheiden sind hierbei folgende Formen:

- spezifische Phobien
- soziale Angststörungen
- generalisierte Angststörungen
- Panikstörungen

Das Tückische an Angststörungen: Ohne eine entsprechende Behandlung können sie sich immer mehr verselbstständigen. Betroffene geraten dadurch in einen Teufelskreis, der schwer zu durch-brechen ist. Nicht selten kommt es dann zur sogenannten „Angst vor der Angst“. Im Klartext heißt das: Betroffene entwickeln eine Angst vor erneuten Panikattacken oder Ängsten, wodurch ihr komplettes Handeln sowie ihr Alltag negativ beeinflusst wird. Die Angststörung verschlimmert sich dadurch und es entsteht eine sogenannte „Erwartungsangst“. Infolgedessen ziehen sich Betroffene häufig immer mehr aus dem Leben zurück. Sie meiden Situationen und Orte, die potenziell Angst auslösen könnten, und entwickeln dadurch häufig noch mehr Ängste. Mit den Angststörungen gehen nicht nur körperliche Symptome einher, sondern häufig auch Schlafstörungen sowie ein ab-nehmendes Vertrauen in die eigene Person. Betroffene bekommen nicht selten das Gefühl, dass sie ihren Ängsten „ausgeliefert“ sind und diese ihr komplettes Leben überschatten. Dies kann schwerwiegende Folgen haben und noch mehr Probleme mit sich bringen: Betroffene greifen wegen Angst- und Panikstörungen häufig zum Alkohol. Für viele ist dies der Versuch, Ängste zu lindern. Dies ist allerdings ein gefährlicher Trugschluss: Zwar kann Alkohol Ängste durchaus kurzfristig lindern – auf lange Sicht gesehen verschlimmert es die Angstzustände jedoch und hat einen extrem negativen Einfluss auf die körperliche und psychische Gesundheit der Betroffenen. Daher warnen Experten im Zusammenhang mit Angststörungen eindrücklich: Hände weg vom Alkohol!

Alkohol und sein Einfluss auf das Gehirn
Alkohol beeinflusst unser Gehirn auf vielfältige Art und Weise. Unter anderem wirkt Alkohol auf verschiedene Neurotransmitter im Gehirn, so dass die neuronale Aktivität gehemmt wird und wir eine beruhigende Wirkung verspüren. Gleichzeitig beeinflusst Alkohol auch die Kommunikation zwischen den Gehirnzellen, was zu verlangsamten Denkprozessen führen kann. Besonders gefährlich ist ein regelmäßiger und langfristiger Alkoholkonsum: Hierbei kommt es im Gehirn zu strukturellen und unumkehrbaren Veränderungen, was Gedächtnisprobleme, ein vermindertes Urteilsvermögen oder emotionale Probleme mit sich bringen kann.

Gefährlich kann auch der Dauergebrauch von Beruhigungsmitteln, wie zum Beispiel Benzodiazepinen, sein. Diese sind nur für den kurzfristigen Gebrauch gedacht und wirken sich langfristig eben-falls negativ auf die Gesundheit aus.

Im Folgenden werden Ihnen die zu unterscheidenden Formen der Angst genauer vorgestellt. Der Fokus liegt hierbei auf den sogenannten Panikstörungen. Um diese besser zu verstehen, ist es wichtig, andere Angststörungen davon abzugrenzen.

Spezifische Phobien

Bei spezifischen Phobien handelt es sich um Ängste, die durch einzelne Objekte oder spezielle Situationen hervorgerufen werden. Diese sind in der Regel harmlos und ungefährlich, werden jedoch von den Betroffenen als unverhältnismäßig große Gefahr angesehen. Typische Phobien betreffen die Angst vor Tieren, wie zum Beispiel Mäusen oder Hunden, Insekten oder Verletzungen und Blut (häufig verbreitet ist zum Beispiel die Angst vor Spritzen). Für die Betroffenen reicht alleine der Gedanke an das entsprechende Objekt aus, um eine extreme Angst bis hin zur Panik auszulösen. Oftmals haben Phobien ihren Ursprung in der frühen Kindheit. Sie sind auf traumatische Ereignisse zurückzuführen, die als Kind (häufig unterbewusst) durchlebt und dabei niemals fachgerecht aufgearbeitet wurden. Viele Betroffene können sich im Erwachsenenalter allerdings nicht mehr an den Ursprung ihrer Angst erinnern.

Soziale Angststörungen

Bei sozialen Angststörungen – auch Sozialphobie genannt – handelt es sich um eine sehr extreme Form der Schüchternheit. Für Betroffene werden vor allem Situationen zum Problem, in denen sie sich von anderen Menschen (kritisch) beobachtet fühlen. Referate in der Schule oder Vorträge vor anderen Menschen werden für diese Menschen so zum Alptraum. Sozialphobien können sich je-doch auch in anderen alltäglichen Situationen äußern. Hierzu zählt die Angst davor, Fremde anzusprechen, in der Öffentlichkeit zu telefonieren oder zu essen, mit einem Vorgesetzten zu sprechen oder generell Verabredungen wahrzunehmen. Auch bei der Entstehung sozialer Phobien spielen sozial belastende Erlebnisse aus der Kindheit oder Jugend eine große Rolle. Einen großen Einfluss auf die Entstehung einer solchen Störung können beispielsweise Eltern haben, die ihre Kinder sozial abschirmen, oder auch negative Erfahrungen in der Kindheit, wie zum Beispiel Mobbing oder Ausgrenzung.

Kurzum: Eine soziale Phobie beeinflusst das komplette Leben der Betroffenen negativ. Alltägliche Situationen werden plötzlich zu unüberwindbaren Aufgaben, die Symptome wie Zittern, starkes Schwitzen, Erröten oder einen unnatürlichen Toilettendrang hervorrufen.

Wussten Sie, dass über sieben Prozent der gesamten Bevölkerung von solch sozialen Phobien betroffen sind? Meist beginnen Angststörungen dieser Art schleichend und zeigen ihre ersten Symptome bereits im Kindes- oder Jugendalter. Am stärksten ausgeprägt sind die sozialen Ängste zwischen dem 20. und dem 35. Lebensjahr.

Generalisierte Angststörungen

Generalisierte Angststörungen zeichnen sich überwiegend durch anhaltende Ängste bzw. Sorgen aus, die zahlreiche Lebensbereiche betreffen und dabei nicht auf spezifische Situationen beschränkt sind. Oftmals treten die Ängste ohne erkennbare Gründe auf. In manchen Fällen betreffen die Ängste aber auch reale Situationen. Hierzu zählen zum Beispiel die Angst vor Autounfällen und Krankheiten und die Angst davor, dass nahestehenden Menschen etwas zustoßen könnte. Unabhängig davon, ob es sich um realistische oder unrealistische Ängste handelt – bei den meisten generalisierten Angststörungen sind die Ängste völlig übersteigert. Betroffene fürchten das Eintreten einer Katastrophe, die unwahrscheinlich ist. Die Furcht davor äußert sich durch innere Unruhe, Nervosität, Schlafstörungen oder Angespanntheit. Der ausschlaggebende Unterschied zur Panik-störung ist jedoch, dass die eben genannten Symptome bei der generalisierten Angststörung nicht alle gleichzeitig, sondern vielmehr über den Tag verteilt auftreten. Wie es zur Entstehung einer generalisierten Angststörung kommen kann, ist in der Wissenschaft nicht vollständig geklärt. Experten gehen jedoch davon aus, dass es sich um eine Kombination aus biologischen und psychischen Faktoren handelt oder ein traumatisches Erlebnis (zum Beispiel aus der Kindheit) zu Grunde liegt.

Panikstörungen

Bei Panikstörungen handelt es sich um die wohl schwerste Art von Angstanfällen. Betroffene leiden unter immer wiederkehrenden heftigen psychischen und auch körperlichen Symptomen. Eine so-genannte Panikattacke kann wenige Minuten, im Extremfall jedoch auch mehrere Stunden, andauern. Um die Komplexität hinter Panikstörungen und vor allem auch die entsprechenden Behandlungsansätze zu verstehen, wird im weiteren Verlauf dieses Buches genauer auf sämtliche Aspekte von Panikstörungen eingegangen. Auch die Entstehung einer Panikstörung wird oftmals auf traumatische Erlebnisse aus der Kindheit zurückgeführt. Weitere Erklärungsansätze sind spezielle Erziehungsstile in der Kindheit, genetische Faktoren und die Veränderung bestimmter Botenstoffe im Gehirn.

Panikattacken: Ein übermächtiges Erlebnis

„Ich spüre, wie sich in mir ein überwältigendes Gefühl der Angst ausbreitet. Mein Herz schlägt heftig und ich bekomme das Gefühl, als könnte es jeden Moment aus meiner Brust springen. Mein Atem wird immer flacher und ich habe das Gefühl, dass mir die Luft zum Atmen wegbleibt. Ich bekomme Panik. Mein Brustkorb drückt sich zusammen und ich kämpfe darum, genug Luft zu bekommen.

Mein Herz beginnt, zu rasen. Ich höre den Puls in meinen Ohren hämmern. Alles um mich herum verschwimmt. Ich nehme nichts mehr wahr – außer die immer größer werdende Panik, die meinen Körper ergreift. Die Welt um mich herum wirkt plötzlich bedrohlich und unwirklich.

Meine Muskeln verkrampfen sich und fangen unkontrolliert an, zu zittern. Ich versuche, mich zu beruhigen – vergeblich. Es fühlt sich so an, als würde mich eine unsichtbare Kraft in die Enge treiben. Am liebsten würde ich weglaufen und die Flucht ergreifen – doch wovor? Es gibt keinen offen-sichtlichen Grund. Da ist nur die Angst.

Gedanken rasen durch meinen Kopf. Sie sind wild und beängstigend. Mein Körper kämpft gegen den kompletten Kontrollverlust und dagegen, dass der Wahnsinn meinen Körper übernimmt. Mir wird schwindelig. Ich schwitze. Übelkeit steigt in mir auf.

Obwohl die Panikattacken nur wenige Minuten andauern, fühlen sie sich an wie Stunden voller Qual. Sie fühlen sich an, als würde die Zeit stillstehen. Sie lassen mich erschöpft und ratlos zurück. Nach jeder Attacke fühlt es sich so an, als wäre mir jede Energie entzogen worden. Jede einzelne Panikattacke befeuert den Teufelskreis aus physischen und psychischen Symptomen. Die Angst vor einer erneuten Panikattacke hängt wie ein Damoklesschwert über mir und bestimmt meinen Alltag.“
(Quelle: anonym)

So beschreibt eine von vielen betroffenen Personen ihre Gefühlszustände während einer Panikattacke. Panikattacken verlaufen nicht immer gleich – allerdings beschreiben die meisten Betroffenen ähnliche Symptome:

- plötzlich auftretende Furcht
- plötzliches Unwohlsein
- Schmerzen in der Brust
- Atemnot / das Gefühl, zu ersticken
- Schwindel
- Ohnmachtsgefühl
- Übelkeit
- Bauchschmerzen
- Taubheit in den Extremitäten
- Kribbeln in den Lippen
- Herzrasen / erhöhter Puls
- Kurzatmigkeit
- starkes Schwitzen
- Zittern
- verschwimmende Realität
- Gefühl der Entfremdung der Umgebung
- Hitzewallungen
- Angst davor, verrückt zu werden
- Todesangst

Die meisten Panikattacken treffen einen komplett unerwartet und in alltäglichen Situationen. Plötzlich bricht über die Betroffenen eine Welle der Angst herein, die sie komplett vereinnahmt.

Kurzum: Bei einer Panikattacke handelt es sich um eine kurze Phase extremen Leids und extremer Furcht, die plötzlich und unerwartet einsetzt. Begleitet wird die Panikattacke nicht nur von psychischen, sondern auch von physischen Symptomen. Nicht selten sprechen Betroffene von regelrechter Todesangst und dem Gefühl, während der Attacke sterben zu müssen.

Von vielen Betroffenen wird das Erleben einer Panikattacke wie eine Achterbahnfahrt der Gefühle beschrieben, die mit einem Gefühl der inneren Unruhe beginnt. Dieses Gefühl breitet sich immer weiter im ganzen Körper aus, bis schließlich auch körperliche Symptome, wie Herzrasen, Atemnot und starkes Schwitzen, auftreten. Die Umgebung scheint zu verschwimmen und selbst vertraute Orte können plötzlich bedrohlich erscheinen. Die Muskeln verkrampfen, der Körper zittert und bebt. Sich in dieser Ausnahmesituation zu beruhigen, ist für die meisten Menschen ein Ding der Unmöglichkeit. Oftmals lässt sich das plötzliche Auftreten einer Panikattacke nicht direkt erklären, was Betroffene nicht selten an ihrer eigenen Realität zweifeln lässt. Die erlebten Panikattacken sind häufig so traumatisierend, dass Betroffene eine regelrechte Panik vor weiteren Attacken entwickeln.

Wer leidet unter Panikattacken?

Panikattacken sind längst keine Seltenheit mehr. Ganz im Gegenteil: Sie kommen laut einer Studie des National Institute of Mental Health (NIMH) aus den USA relativ häufig vor. Das Institut geht davon aus, dass etwa 11 Prozent der erwachsenen Bevölkerung bereits mindestens einmal eine Panikattacke erlebt hat. Wichtig ist hierbei jedoch, zu erwähnen, dass längst nicht jeder Mensch, der schon mal eine Panikattacke hatte, zwangsläufig auch eine Panikstörung entwickelt. Hierzu erfahren Sie im Laufe des Ratgebers mehr.

Fakt ist jedoch: Panikattacken sind ein häufiges und ernstzunehmendes Phänomen, das jeden Menschen treffen kann – ganz unabhängig vom Alter und der sozialen Schicht. Oftmals sind auch die Ursachen für Panikattacken nicht klar zu benennen. Es muss also – entgegen weit verbreiteter Vorurteile – nicht zwingend ein traumatisches Erlebnis vorausgegangen sein, um von einer Panikattacke heimgesucht zu werden. Natürlich gibt es aber dennoch verschiedene Ursachen und Gründe, die zu Panikattacken führen können. Wie Sie diese erkennen können, erfahren Sie im weiteren Verlauf des Buches.

Leider werden Panikattacken in der öffentlichen Wahrnehmung von zahlreichen Vorurteilen begleitet, was es Betroffenen häufig nicht leichter macht und diese in die Isolation treibt. Panikattacken werden leider immer noch häufig als Zeichen von Schwäche gesehen – ein Vorurteil, das durch Unwissenheit und Unaufgeklärtheit zu Stande kommt. Es ist nämlich klar, dass es sich bei Panikattacken, nach neuestem wissenschaftlichen Erkenntnisstand, um ein Zusammenspiel aus biologischen, genetischen und Umweltfaktoren handelt. Panikattacken sind meistens also nicht selbstverschuldet, sondern durch zahlreiche externe Faktoren bedingt.

Abgrenzung zu Panikstörung

Besonders wichtig ist es, Panikattacken von der sogenannten Panikstörung abzugrenzen. Während es sich bei einer Panikattacke um eine intensive und akute Episode handelt, zeichnet sich die Panikstörung durch immer wiederkehrende und anhaltende Panikattacken aus. Im Zuge einer Panik-störung entwickelt sich häufig eine regelrechte Furcht vor dem Auftreten weiterer Panikattacken. Eine klare Abgrenzung ist vor allem mit Blick auf die richtige Diagnose und im Zuge dessen auch auf eine passende Behandlung wichtig.

Die Angst vor der Angst oder: Die Panikstörung

Nicht umsonst werden Panikstörungen auch als „Angst vor der Angst" bezeichnet: Bei Panikstörungen handelt es sich um eine Art der Angststörung, die sich durch das immer wiederkehrende Auf-treten von Panikattacken auszeichnet. Dabei entwickelt sich bei den Betroffenen eine regelrechte Panik vor neuen Attacken, die das Auftreten solcher befeuert. Im Klartext heißt das: Betroffene werden in mehr oder weniger regelmäßigen Abständen und meist aus heiterem Himmel immer wieder von Panikattacken heimgesucht. Die Betroffenen fühlen sich ihrer Angst dabei hilflos aus-gesetzt. Die erlebten Panikattacken sind körperlich und geistig so traumatisierend, dass die Angst vor weiteren Attacken das ganze Leben überschattet und negativ beeinflusst. Das Tückische dabei ist, dass die Angst vor der Angst zu einem stetig erhöhten Stresspegel führt, der wiederum das Auf-treten einer Panikattacke wahrscheinlicher macht. Vielleicht haben Sie auch schon einmal von dem Begriff „Self Fulfilling Prophecy" gehört, der in diesem Zusammenhang häufig genannt wird.

Definition: Self Fulfilling Prophecy
Bei einer Self Fulfilling Prophecy handelt es sich um eine Vorhersage, die ihre Erfüllung selbst bewirkt. Das heißt: Die Vorhersage, an die ein Mensch glaubt, tritt ein, weil er selbst davon über-zeugt ist und – bewusst oder auch unterbewusst – so handelt, dass diese sich erfüllt.

Diesem Phänomen liegt ein wesentlicher Mechanismus zu Grunde: Menschen, die an Vorhersagen glauben, bewirken eine positive Rückkopplung zwischen Erwartung und Verhalten. Sie agieren so, dass die Vorhersage tatsächlich eintritt – unabhängig davon, ob sie dies wünschen oder sich davor vielleicht sogar fürchten.

Wer also mit dem permanenten Gedanken an die möglicherweise nächste bevorstehende Panikattacke durch den Alltag geht, beschwört diese unterbewusst herbei.

Betroffene von Panikstörungen werden von einer dauerhaften Angst begleitet, die viele als lähmend und extrem belastend beschreiben. Für viele Personen wird die Angst vor der Angst so groß und erdrückend, dass ein normaler Alltag undenkbar wird. Die Panikstörung beziehungsweise die Angst vor der Angst wird zum Herrscher über den Alltag, die Gedanken und die Handlungen der Betroffenen.

SYMPTOME

Die Symptome einer Panikstörung ähneln den Symptomen einer Panikattacke in vielerlei Hinsicht – jedoch mit dem großen Unterschied, dass die Symptome bei einer Panikstörung wiederkehrend und regelmäßig auftreten.
Die Symptome einer Panikstörung können sehr vielseitig sein und variieren von Mensch zu Mensch. Die Beschwerden können sowohl körperlicher als auch emotionaler beziehungsweise psychischer Natur sein. Im Folgenden erfahren Sie, was eine Panikstörung auszeichnet und welche Symptome dabei typischerweise auftreten können.

1. PLÖTZLICHE UND INTENSIVE ANGSTANFÄLLE

Das zentrale Merkmal der Panikstörung ist das plötzliche Auftreten intensiver Angstanfälle (Panikattacken). Diese treten unerwartet und wiederkehrend auf und gehen mit zahlreichen körperlichen und emotionalen Symptomen einher.

Die Betroffenen übermannt eine intensive Angst, die begleitet werden kann durch

- Herzrasen,
- Atemnot,
- Schwindel,
- Zittern,
- starkes Schwitzen oder
- Brustschmerzen.

Diese körperlichen Symptome gehen häufig mit dem Gefühl einher, den Bezug zur Realität zu verlieren oder „verrückt" zu werden. Bei Betroffenen besteht häufig die Angst davor, während einer solchen Panikattacke die Kontrolle zu verlieren oder sogar zu sterben. Meist erreichen die Symptome während einer solchen Attacke nach einigen Minuten ihren grausamen Höhepunkt. Nach der Attacke bleiben die Betroffenen oft energie- und ratlos zurück.

2. ANGST VOR WEITEREN PANIKATTACKEN

Die Panikstörung ist außerdem durch die Angst vor weiteren Panikattacken gekennzeichnet. Es wird hierbei auch von der sogenannten „antizipatorschen Angst" oder auch Erwartungsangst gesprochen. Wer unter einer Panikstörung leidet, wird immer wieder in unvorhersehbaren Abständen von Panikattacken heimgesucht. Die Angst vor erneuten Attacken wird hierbei zu einem zentralen Element im Leben der Betroffenen. Sie überschattet und bestimmt den kompletten Alltag. Die an-dauernde Furcht führt schließlich dazu, dass Betroffene ein Vermeidungsverhalten entwickeln und bestimmte Aktivitäten und Orte meiden – stets in der Hoffnung, weitere Panikattacken zu vermeiden. Leider führen diese Vermeidungsstrategien in den meisten Fällen jedoch zu erheblichen Einschränkungen im täglichen Leben und zu einer allgemeinen Unzufriedenheit, die das Leben der Betroffenen massiv negativ beeinflusst.

3. KÖRPERLICHE SYMPTOME UND BESCHWERDEN

Neben den oben beschriebenen akuten körperlichen Symptomen können Betroffene einer Panik-störung auch an zahlreichen chronischen Symptomen leiden. Hierzu zählen

- Kopfschmerzen,
- Verspannungen,
- Muskelschmerzen oder
- Magenprobleme.

Häufig sind diese Symptome eine direkte Folge der anhaltenden Stressreaktion des Körpers.

4. HYPERVIGILANZ UND ÜBEREMPFINDLICHKEIT

Menschen, die an einer Panikstörung leiden, befinden sich häufig in einem dauerhaften Zustand erhöhter Alarmbereitschaft. Sie nehmen sämtliche Anzeichen von Unwohlsein oder Unregelmäßigkeit im Körper unproportional bewusst und ängstlich wahr. Diese Überempfindlichkeit führt zu einer Verstärkung der Angst und schlussendlich dazu, dass sich Betroffene in einen Teufelskreis der Überempfindlichkeit begeben.

5. SOZIALE ISOLATION UND VERMEIDUNGSVERHALTEN

Auch das Meiden sozialer Situationen zählt zu den typischen Symptomen einer Panikstörung. Betroffene entwickeln nicht nur generell eine große Angst vor dem Erleiden einer Panikattacke, sondern auch davor, dass sie einer solchen in der Öffentlichkeit ausgesetzt sein könnten. Dieser Gedanke verstärkt die soziale Isolation und Situationen in der Öffentlichkeit werden zunehmend gemieden. Panikstörungen können also nicht nur das eigene Wohlbefinden stark belasten, sondern auch eine extreme Belastung für soziale Beziehungen darstellen.

6. DEPERSONALISATION UND DEREALISATION

Viele Betroffene von Panikstörungen haben während einer solchen Attacke das Gefühl, dass sie sich sowohl von sich selbst als auch von ihrer Umgebung entfremden. Dieses Phänomen ist als Depersonalisation und Derealisation bekannt. Diese Gefühle verstärken die eigenen Ängste zusätzlich und können auf lange Sicht die eigene Wahrnehmung stark beeinträchtigen.

7. SCHLAFSTÖRUNGEN

Ausreichend Schlaf ist enorm wichtig für unsere körperliche und geistige Gesundheit. Leider beeinträchtigt eine Panikstörung jedoch auch diesen Bereich stark negativ. Die permanente Angst vor dem Auftreten einer erneuten Panikattacke belastet Betroffene zum Teil so schwer, dass auch ihr Schlaf darunter leidet. Häufig leiden sie unter Schlaflosigkeit, innerer Unruhe, Gedankenrasen, Alb-träumen oder anderen Schlafstörungen, die dazu führen, dass die Lebensqualität weiter reduziert wird.

In der Summe ist es wichtig, zu betonen, dass Panikstörungen sehr individuell verlaufen und sich von Mensch zu Mensch stark unterscheiden. Nicht jede betroffene Person leidet an all den oben beschriebenen Symptomen. Zudem können sich die Symptome im Laufe der Zeit auch verändern oder variieren. Aus diesem Grund ist eine individuelle und umfassende diagnostische Beurteilung durch Fachpersonal empfehlenswert, um eine optimale Behandlung zu gewährleisten.

Ausprägungen

Bei der Ausprägung von Panikstörungen spielen Faktoren wie Geschlecht, Alter und die damit verbundenen Lebensumstände eine zentrale Rolle. Im Folgenden erfahren Sie, welche Rolle diese Faktoren für die Entstehung, den Verlauf und die Auswirkungen einer Panikstörung spielen können und wie Panikstörungen ganz allgemein in unserer Gesellschaft verbreitet sind.

Geschlechtsspezifische Unterschiede

Ein Blick in die Forschung zeigt, dass das weibliche Geschlecht insgesamt häufiger (wenn auch nur geringfügig) von Panikstörungen betroffen zu sein scheint als das männliche Geschlecht. Untersuchungen deuten darauf hin, dass hierbei vor allem biologische, kulturelle und soziale Faktoren eine wichtige Rolle spielen. Auch hormonelle Veränderungen im weiblichen Körper könnten einen signifikanten Einfluss auf das Auftreten von Panikattacken bei Frauen haben. Wichtig ist an dieser Stelle jedoch, zu betonen, dass auch die genetische Veranlagung und andere Umweltfaktoren einen Ein-fluss haben können.

Die Wechselwirkungen zwischen biologischen und psychosozialen Faktoren machen es schwierig, eine klare Ursache für geschlechtsspezifische Unterschiede zu benennen. Festzuhalten bleibt, dass Panikattacken und -störungen jedes Geschlecht betreffen können und die Ursachen hierfür meist sehr vielfältig und individuell sind.

Das Auftreten von Panikstörungen im Laufe des Lebens

In welchem Alter oder Lebensabschnitt sind die Menschen am anfälligsten für Panikattacken? Auch hier können nur schwer allgemeingültige Aussagen getroffen werden, da Menschen jeden Alters von Panikstörungen betroffen sein können. Allerdings gibt es einige interessante Tendenzen: So berichten die meisten Menschen, die an einer Panikstörung leiden, von einem Beginn in der frühen bis mittleren Adoleszenz beziehungsweise im frühen Erwachsenenalter. Dieser Lebensabschnitt zeichnet sich besonders dadurch aus, dass er von zahlreichen Veränderungen geprägt ist: Nicht nur der Körper verändert sich und wird „erwachsen", sondern auch das Leben bringt in diesem Abschnitt viele Herausforderungen mit sich. Es ist geprägt von zahlreichen Stressfaktoren, wie zum Beispiel schulischem Stress, Prüfungssituationen, Beziehungsproblemen und beruflichen Unsicherheiten. Für viele Menschen ist der Übergang ins Erwachsenenleben sowie die Suche nach der ei-genen Identität eine große Herausforderung, die emotional sehr belastend sein kann und damit die Anfälligkeit für das Erleiden einer Panikattacke erhöht.

Wichtig zu betonen ist jedoch, dass Panikattacken und -störungen keinesfalls nur auf den oben genannten Lebensabschnitt beschränkt sind. Sie können in jedem Alter und Lebensabschnitt auftreten – auch erst im mittleren oder späten Erwachsenenalter.

Besonders anfällig für das Entwickeln einer Panikstörung sind Menschen, die sich in sogenannten „Lebensübergängen“ befinden. Hierzu zählen beispielsweise der Übergang zu neuen beruflichen Herausforderungen, der Verlust eines geliebten Menschen und die Herausforderungen des Älter-werdens.

Doch es gibt auch gute Nachrichten: Viele Betroffene berichten von nachlassenden Symptomen in Bezug auf ihre Panikstörung ab dem 45. Lebensjahr. Einzelne Untersuchungen deuten darauf hin, dass Panikattacken mit zunehmendem Alter tatsächlich weniger werden oder sogar gänzlich verschwinden können. Ein möglicher Erklärungsansatz hierfür ist der wachsende Erfahrungsschatz, den Betroffene im Laufe ihres Lebens sammeln. Mit Hilfe von „natürlicher“ Konfrontation schaffen sie es, Ängste abzubauen und mehr Gelassenheit zu entwickeln. Außerdem verändern sich auch die Gehirnstrukturen im Laufe des Lebens, was einen weiteren möglichen Erklärungsansatz liefern könnte. Wie immer gilt aber auch hier: Verallgemeinern lässt sich dieser Befund nicht. Eine Therapie bzw. Behandlung der Panikstörung ist daher immer sinnvoll.

Unterschiedliche Ausprägungen von Panikattacken

Was bei fast allen Krankheiten zu beobachten ist, gilt auch für Panikattacken: Es gibt sehr unter-schiedliche Ausprägungen und Formen. Jeder Mensch ist einzigartig und individuell – und mindestens genauso individuell ist auch der Verlauf der Panikstörung. Nicht nur die Symptome, auch die Häufigkeit und Intensität der Attacken variieren und werden von den Betroffenen unterschiedlich wahrgenommen. Dementsprechend haben Panikattacken und -störungen auch einen unterschiedlichen Einfluss auf verschiedene Lebensbereiche. Anbei finden Sie einige Aspekte, die illustrieren, wie das Leben durch Panikstörungen beeinflusst werden kann und wie unterschiedlich die Ausprägungen sein können:

1. EINSCHRÄNKUNGEN IM ALLTAG

Je nach Häufigkeit und Intensität der Panikattacken kann der Alltag von Betroffenen unterschiedlich stark beeinflusst sein. Während sich einige Betroffene bemühen, in der Öffentlichkeit – also im Beruf, bei Freunden und Familie – den Schein der „heilen“ Welt zu wahren und dadurch oft nicht einmal die engsten Freunde von dieser Panik ahnen, isolieren sich andere komplett und sind dadurch nicht mehr in der Lage, den Alltag zu bestreiten. Soziale Aktivitäten und Interaktionen wer-den weitestgehend aus Angst vor Panikattacken gemieden. Dies kann sich auch auf die berufliche Leistungsfähigkeit negativ auswirken: So können Betroffene beispielsweise dazu neigen, berufliche Herausforderungen zu meiden, was einer beruflichen Weiterentwicklung im Wege steht. Auch die Angst vor negativen Konsequenzen bei der Arbeit kann zu beruflichen Einschränkungen oder übermäßig häufigen Fehlzeiten führen. Nicht selten werden Betroffene von Panikstörungen im Laufe ihres Lebens arbeitsunfähig.

Doch nicht nur der Beruf, auch das ganz alltägliche Leben kann je nach Ausprägung der Panikstörung unterschiedlich stark betroffen sein: Ganz alltägliche Situationen, wie zum Beispiel das Einkaufen, das Nutzen öffentlicher Verkehrsmittel oder das Reisen, können extremen Stress auslösen und dadurch von Betroffenen gemieden werden.

2. BEZIEHUNGSSCHWIERIGKEITEN

Wie bereits unter Punkt 1 beschrieben, können Panikstörungen bei Betroffenen auch einen negativen Einfluss auf zwischenmenschliche Beziehungen haben. Vermeidungsverhalten kann zu sozialer Isolation und schließlich zur Vereinsamung der betroffenen Person führen. Ein weiteres Problem auf sozialer Ebene besteht darin, dass teilweise das Verständnis von Partner, Familie oder Freunden für diese Krankheit fehlt. Sie können nicht vollständig nachempfinden, wie es dem Betroffenen geht, was zu zahlreichen Missverständnissen, Frust und Distanz in Beziehungen führen kann.

3. DEPRESSIONEN UND WEITERE PSYCHISCHE PROBLEME

Die permanente Angst vor weiteren Panikattacken versetzt den Körper von Betroffenen in eine anhaltende Alarmbereitschaft. Dieser Zustand führt auf Dauer zu chronischer Erschöpfung, Reiz-barkeit und einer starken psychischen Belastung. Diese anhaltende Belastung kann im schlimmsten Fall zu Depressionen und anderen psychischen Erkrankungen führen.

Chronischer Stress und die Bedeutung für den Organismus

Stress ist für den Körper wortwörtlich „Gift". Vor allem chronischer Stress wirkt sich auf den Organismus enorm negativ aus. Ist der Körper permanent Stress ausgeliefert, schüttet er ununterbrochen das Stresshormon Cortisol aus. Dies kann wiederum zu einer regelrechten Überbelastung des Hormonsystems führen und so eine Reihe gesundheitlicher Beschwerden mit sich bringen. Die Folge können Herz-Kreislauf-Erkrankungen, Schlafstörungen, Magen-Darm-Probleme, De-pressionen oder eben Angstzustände sein. Auch das Immunsystem wird durch zu viel Stress geschwächt, wodurch Krankheiten leichtes Spiel haben. Langfristig begeben Sie sich durch permanenten Stress in einen Teufelskreis: Die durch Stress verursachten gesundheitlichen Probleme führen zu noch mehr Stress, was wiederum der Gesundheit schadet. Aus diesem Grund sind Stressbewältigungsstrategien so wichtig – im weiteren Verlauf dieses Ratgebers lernen Sie einige wirksame Methoden kennen.

Wichtig ist an dieser Stelle, nochmals zu betonen, wie unterschiedlich die Ausprägungen einer Panikstörung sein können. Viele Menschen sind trotz der Panikstörung dazu in der Lage, ein „normales" Leben zu führen – andere wiederum sind stark beeinträchtigt, wodurch die Bewältigung des Alltags zu einem Ding der Unmöglichkeit wird.

Um negative Auswirkungen zu minimieren und Betroffenen zu einem erfüllten und qualitativ hoch-wertigen Leben ohne Beeinträchtigung zu verhelfen, ist es wichtig, eine frühzeitige Diagnose zu stellen und eine umfassende und individualisierte Behandlung in Angriff zu nehmen.

Ursprünge und Auftreten von Panikstörungen

Die Wurzeln einer Panikstörung sind tief in der komplexen Psychologie sowie den individuellen Erfahrungen der Betroffenen verankert. Panikattacken können ohne erkennbaren Grund auftreten, zum Beispiel, wenn die Person abends ganz entspannt vor dem Fernseher liegt – sie können jedoch auch diverse Auslöser haben, die meist genauso individuell wie die Betroffenen selbst sind. Es ist wichtig, ein Verständnis für die Ursprünge von Panikattacken zu entwickeln, um diese bei der Wurzel zu packen und schließlich behandeln zu können. Im Folgenden finden Sie eine Auflistung von Situationen und Gegebenheiten, die häufig als Auslöser für Panikattacken gelten.

1. SOZIALE SITUATIONEN UND MENSCHENMENGEN

Für viele Menschen bedeuten soziale Situationen puren Stress. Alleine das Gefühl, von vielen Menschen umgeben zu sein, löst bei einer Vielzahl an Menschen ein Gefühl von Unbehagen und eine Überstimulation aus. Besonders in Menschenmengen ist dies gegeben. Bei manchen Menschen wird hierbei ein Gefühl des Kontrollverlusts hervorgerufen, welches Panik auslöst. Betroffene verspüren besonders in sozialen Situationen häufig ein Gefühl der Verwundbarkeit und eine Angst vor der Bewertung durch andere. Diese Gefühle setzen die Angstspirale in Gang.

Typische Szenarien, in denen soziale Angst auftreten kann, sind öffentliche Veranstaltungen, der Besuch in Restaurants, öffentliche Verkehrsmittel oder sogar soziale Zusammenkünfte in den eigenen vier Wänden. Die Betroffenen verspüren in solchen Situationen einen enormen Druck und haben gleichzeitig Angst vor einer möglichen öffentlichen Konfrontation.

2. PLATZANGST (AGORAPHOBIE)

In etwa zwei Drittel der Fälle ist die Panikstörung eng mit einer Agoraphobie verbunden. Unter einer Agoraphobie wird die Furcht vor bestimmten Orten oder Situationen verstanden, in denen eine Flucht undenkbar und Hilfe nicht verfügbar ist. Häufig wird hierbei auch von der sogenannten „Platzangst“ gesprochen. Betroffene fühlen sich zum Beispiel in engen Räumen, Flugzeugen, auf Brücken oder in Menschenmengen extrem unwohl, da sie das Gefühl haben, in diesen Umgebungen gefangen und hilflos zu sein. Dieses Gefühl hat auf die Betroffenen einen erheblichen Einfluss. Meist werden solche Orte von Menschen, die unter Panikattacken leiden, gemieden, was wiederum die Lebensqualität beträchtlich einschränken kann.

3. FEHLENDE KONTROLLMÖGLICHKEITEN

Auch in Situationen mit fehlenden Kontrollmöglichkeiten können sich Betroffene sehr unwohl fühlen. Gemeint sind hiermit Situationen, die eine Person nicht direkt beeinflussen kann, zum Beispiel, wenn sie in einem Auto sitzt und eine andere Person das Fahrzeug steuert. Betroffene beginnen dann häufig, sich Horrorszenarien auszumalen, wodurch Panik entsteht.

4. UNSICHERHEIT ÜBER DIE KÖRPERLICHE GESUNDHEIT

Menschen, die an Panikattacken leiden, sind häufig besonders sensibel gegenüber körperlichen Empfindungen. Bereits die kleinsten Unregelmäßigkeiten oder Auffälligkeiten werden als Bedrohung interpretiert und lösen Angst aus. Betroffene leiden an einer übermäßigen Angst vor Krankheiten, insbesondere vor Herz-Kreislauf-Erkrankungen oder Atemwegsproblemen. Das Bewusstsein um die eigene Verletzlichkeit und die Sorge um die eigene körperliche Gesundheit können zu Pani-kattacken und einer Angststörung führen und damit das Leben der Betroffenen enorm belasten.

5. BESTIMMTE ERINNERUNGEN ODER TRIGGER-EREIGNISSE

Panikattacken können durch das direkte Erleben bestimmter Situationen oder Orte ausgelöst wer-den. Oftmals reicht aber bereits die Erinnerung an einen solchen Ort oder eine entsprechende Situation aus, um bei Betroffenen eine Panikattacke auszulösen. Gemeint sind in diesem Zusammen-hang sogenannte „Trigger-Ereignisse“. Bei solchen Ereignissen handelt es sich meist um belastende Lebensereignisse oder traumatische Erfahrungen aus der Vergangenheit, die tief in der Psyche verankert sind. Oft treten diese traumatischen Ereignisse gar nicht ins Bewusstsein der Betroffenen. Sie spielen sich oft unterbewusst ab, ohne dass die Betroffenen den Ursprung kennen.

Definition: Trigger

Bei sogenannten „Triggern“ handelt es sich um bestimmte Reize oder Situationen, die eine unmittelbare emotionale oder körperliche Reaktion verursachen. Besonders betroffen sind hiervon Personen, die an psychischen Störungen leiden. Die Reaktionen auf Trigger können sehr unterschiedlich ausfallen: Sie reichen von Unbehagen über Angst bis hin zu Panikattacken oder extremen emotionalen Ausbrüchen.

Typische Trigger, die zu Panikattacken führen, können Gerüche, Orte, Geräusche oder visuelle Reize sein, die unerwartet an das erlebte Trauma erinnern und damit zum Auslöser für eine Panikattacke werden.

6. ERLERNT ALS KIND

Im Fachjargon spricht man hierbei vom sogenannten „Lernen am Modell".

Beispiel:
Ein Kind beobachtet immer wieder, wie die eigene Mutter ängstlich auf Spinnen reagiert. Die Wahrscheinlichkeit ist groß, dass sich das Kind am Verhalten der Mutter orientiert und selbst eine Angst vor Spinnen entwickelt.

Geprägt wird unsere Angst auch durch bestimmte Konsequenzen, die ein Verhalten mit sich zieht. Von klein auf kann auch erlernt werden, Ängsten aus dem Weg zu gehen, wodurch Ängste verstärkt werden und auch Vermeidungsverhalten zu einer Konsequenz wird.

Beispiel:
Ein Kind hat leichte Angst vor Hunden, weil es in seinem bisherigen Leben noch keine Berührungs-punkte mit Hunden hatte. Anstatt das Kind nun mit seiner Angst zu konfrontieren und ihm zu zeigen, dass es auch harmlose und liebe Hunde gibt, sorgt die Mutter (aus einer guten Absicht heraus) dafür, dass das Kind Hunde meidet. Dem Kind wird dadurch suggeriert, dass mit Hunden tatsächlich eine Gefahr einhergeht. Durch dieses Vermeidungsverhalten wird die Angst von Zeit zu Zeit immer größer werden.

7. AUTOBIOGRAFISCH ERWORBEN

Dinge, die mit negativen Erlebnissen aus der Vergangenheit assoziiert werden, können nicht nur Angst auslösen, sondern diese weiter verstärken. So kann zum Beispiel bei Personen, die in der Vergangenheit einen Autounfall erlebt haben, der alleinige Anblick eines Autos Angst und Panik auslösen, obwohl sie gar nicht im Auto sitzen und einer realen Gefahr ausgeliefert sind. Die Betroffenen haben lediglich zwei Reize (falsch) miteinander verknüpft.

8. ANGEBORENE ANGSTSTÖRUNG

Mittlerweile sind sich Forscher sicher: Angststörungen können auch angeboren sein. Es scheint tatsächlich eine genetische Disposition für Angststörungen zu geben. Ein Beispiel hierfür ist der so-genannte „Selektive Mutismus". Besonders häufig tritt diese Störung bereits im frühen Kindesalter auf. Betroffene Kinder sind durchaus in der Lage, zu sprechen, tun bzw. können es in bestimmten sozialen Situationen aber nicht. Experten gehen davon aus, dass es sich hierbei um eine angeborene Angststörung handelt.

9. MEHRFACH-BELASTUNGEN

Panikstörungen können auch durch Dauerstress oder leidvolle Erlebnisse, wie zum Beispiel durch den Tod eines geliebten Menschen oder einen Jobverlust, ausgelöst werden.

Wie bereits mehrfach betont, liegt der Ursprung einer Panikstörung in dem komplexen Zusammen-spiel zahlreicher Faktoren. Zwar können bestimmte Situationen, Orte oder Sinneseindrücke durch-aus ein Trigger und Auslöser sein – allerdings kommt es hier dennoch zu einer Wechselwirkung zwischen zahlreichen Faktoren, wie zum Beispiel den genetischen Voraussetzungen, den aktuellen Lebensumständen sowie der psychischen und physischen Verfassung der Betroffenen.

Panikstörungen verstehen

Personen, die an Panikattacken oder einer Panikstörung leiden, fällt es häufig schwer, Angststörungen losgelöst von ihren eigenen Emotionen zu betrachten. Meist ist dieses Thema emotional viel zu stark aufgeladen. Aus diesem Grund finden Sie auf den nächsten Seiten einen praktischen und reflexiven Zugang zum Thema Panikstörungen, der es möglich macht, die Thematik losgelöst von Emotionen und eigenen Erfahrungen zu betrachten. Das faktische Wissen über die Entstehung und den Ablauf ermöglicht einen „nüchternen" Blick auf die Thematik. Der Fokus soll darauf liegen, die Angststörung wirklich zu verstehen und den wissenschaftlichen Background zu erforschen.

Der Kreislauf der Angst

Der sogenannte „Teufelskreis der Angst", von dem im Zuge einer Panikstörung immer wieder die Rede ist, beschreibt, was sich bei Panikattacken oder -störungen im Körper ereignet. Die verschiedenen Komponenten, die hierbei eine Rolle spielen, können Sie sich wie Zahnräder vorstellen, die ineinandergreifen und den Kreislauf der Angst am Laufen halten. Aber keine Sorge: Auch, wenn es schwer ist, lässt sich dieser Kreislauf durchaus durchbrechen. Wie? Das erfahren Sie im weiteren Verlauf dieses Ratgebers.

Die vier Ebenen des Angstkreislaufes

Die Medizin geht aktuell davon aus, dass es im Zusammenhang mit dem Kreislauf der Angst vier zu unterscheidende Ebenen gibt:

- die kognitive,
- die neurologische
- die emotionale und
- die körperliche Ebene

Die Angst an sich gehört neben dem Gefühl der Wut, der Freude, des Ekels, der Verachtung, der Überraschung und der Traurigkeit zu den sieben Basisgefühlen des Menschen. Bei einer Angststörung kommt es jedoch zu einer Angstreaktion, die in keinem Zusammenhang mit einer realen Bedrohung steht und damit behandelt werden muss. Um das Gefühl der Angst generell besser verstehen zu können, werden die verschiedenen Komponenten dieser nun ausführlich beleuchtet.

Die kognitiv-subjektive Komponente der Angst

„ICH SEHE DIE WELT ANDERS ALS DU."

Bei Personen mit einer Panikstörung ist grundsätzlich davon auszugehen, dass sie die Umwelt anders wahrnehmen als „gesunde" Menschen. Dies konnte bereits in zahlreichen Studien, die zum Beispiel die Sinneseindrücke von Betroffenen gemessen haben, gezeigt werden.

Betroffene zeigen so zum Beispiel im Vergleich zu nicht betroffenen Menschen eine verstärkte Aktivierung des Mandelkerns.

Definition: Mandelkern
Beim Mandelkern, auch Amygdala genannt, handelt es sich um eine Hirnregion im limbischen System, die für das Auslösen einer Furchtreaktion verantwortlich ist.

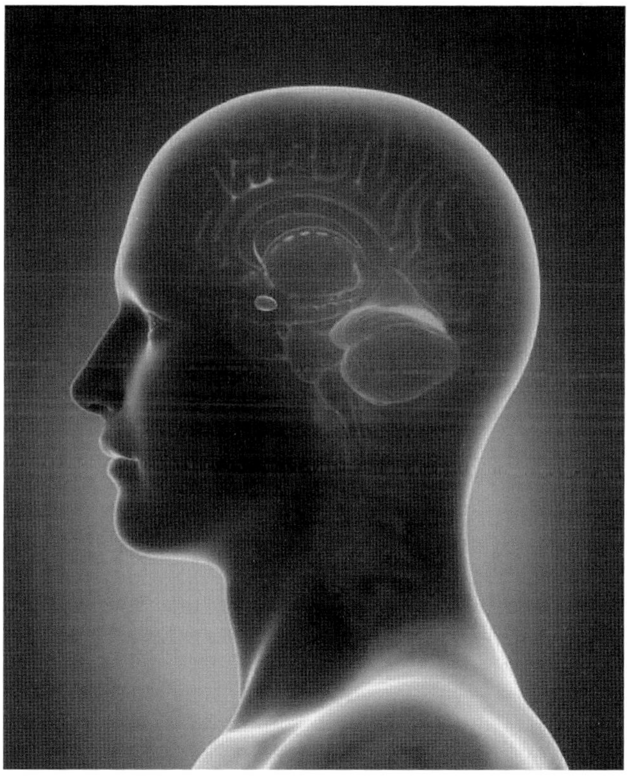

Bei Panikattacken spielen jedoch nicht nur biologische Faktoren, wie zum Beispiel die Hirnfunktion, eine Rolle, sondern auch psychische Faktoren. Personen, die an einer Angststörung leiden, tendieren laut Wissenschaft häufig dazu, Emotionen, bestimmte Situationen, Worte, Gesten usw. verzerrt wahrzunehmen und schließlich für sich selbst zu beurteilen. Betroffene beurteilen die eigenen Emotionen als tendenziell negativ. Negative Gefühle werden von ihnen allgemein stärker empfunden als positive Gefühle. Zudem werden Umweltsignale besonders in Paniksituationen völlig überinterpretiert.

Generell lässt sich feststellen: Bei Betroffenen einer Panikstörung liegt eine negative Bewertung des eigenen Ichs und der Umwelt vor.

Aus diesem Grund kann es für diese Menschen hilfreich sein, einmal die Perspektive zu wechseln und zu versuchen, eigene Empfindungen von einem anderen Blickwinkel und möglichst „neutral" zu bewerten. Oft ist dies aber gerade während einer Panikattacke unmöglich, da die eigenen körperlichen Symptome gerade in dieser Situation als schlimm und unerträglich wahrgenommen werden, was die Wucht der Attacke zusätzlich fördert.

Die Meta-Ebene

Auf der Meta-Ebene betrachtet, handelt es sich bei einer Panikattacke um eine Art Fehlfunktion des Körpers, im Rahmen derer das reguläre Stressreaktionssystem überreagiert. Der komplette Organismus reagiert physisch und psychisch heftig auf eine Situation, in der es keine unmittelbare Bedrohung gibt. Dadurch wird das normale „Funktionieren" des Körpers abrupt unterbrochen. Wichtig zu verstehen ist hierbei, dass es sich bei einer Panikattacke keinesfalls um eine bewusste Entscheidung des Betroffenen handelt. Vielmehr handelt es sich hierbei um das Ergebnis eines komplexen neurobiologischen Prozesses, der seinen Ursprung in Umweltfaktoren und genetischer Veranlagung hat.

Die tiefenpsychologische Komponente der Angst

„ES, ICH UND ÜBER-ICH"

Sigmund Freud (1856–1939), ein österreichischer Arzt und der Begründer der Psychoanalyse, deutete die Angst als innerpsychischen Konflikt. Diese Ansicht wird auch heute noch in der Wissenschaft vertreten. Freud beschrieb den Konflikt in etwa so: Man möchte etwas Bestimmtes, doch das eigene Gewissen verbietet es einem.

Infolgedessen findet laut Freud eine Verdrängung statt, die schließlich zur Angst führt. Diese wird letztlich auf Situationen oder äußere Objekte projiziert.

Wieso ist das aber so? Wieso werden „innere" Empfindungen auf äußere Objekte projiziert? Die Antwort scheint logisch: Äußeren Objekten, Orten oder Situationen kann viel leichter entkommen werden als inneren Problemen. Stichwort: **VERMEIDUNGSVERHALTEN**.

Die moderne Psychologie geht davon aus, dass besonders Menschen von Ängsten betroffen sind, die in ihrer Kindheit eine schmerzhafte Trennungserfahrung erleben mussten. Die Angst vor dem Verlassenwerden oder vor Verlusten soll in diesem Zusammenhang zu einer Phobie führen können.

Die neurobiologische Komponente der Angst

„DIE EIGENE VERLETZLICHKEIT UND VERWUNDBARKEIT (AUCH VULNERABILITÄT GENANNT)"

Bei manchen Menschen kann die Anfälligkeit für Angststörungen auch genetisch veranlagt sein. Diese Personen reagieren auf äußere Reize viel stärker als „gesunde" beziehungsweise nicht betroffene Menschen. Das Nervensystem betroffener Menschen ist genetisch schneller erregbar, wodurch Symptome der Angst viel stärker wahrgenommen werden.

Ein Blick in das menschliche Gehirn zeigt auf, in welchen Bereichen sich die Angst abspielt:

1) im Bereich der **Amygdala**: spielt eine Rolle für die Angstreaktion

2) im **Hippocampus**: verantwortlich für Lern- und Gedächtnisprozesse

3) im **präfrontalen Cortex**: spielt eine Rolle bei der Bewertung von Angstreizen.

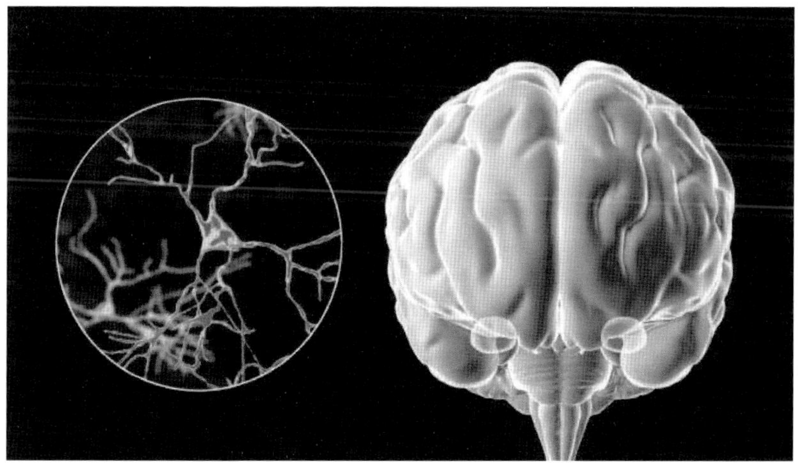

Eine wichtige Rolle spielen auch sogenannte Neurotransmitter, ebenfalls unter dem Begriff „Boten-stoffe" bekannt, die dafür verantwortlich sind, Signale von einer Gehirnzelle an eine andere weiter-zugeben. Viele Forscher gehen davon aus, dass bei Personen mit Angststörungen zu viele oder zu wenige – in jedem Fall eine Abweichung der Norm – Botenstoffe vorhanden sind. Die bekanntesten Botenstoffe sind:

- **GABA:** Gamma-Aminobuttersäure (kurz: GABA) ist einer der wichtigsten Neurotransmitter im Gehirn. Er ist dafür verantwortlich, die neuronale Aktivität zu hemmen und so eine Über-regung zu verhindern, indem die Aktivität bestimmter Nervenzellen reduziert wird.
- **Noradrenalin:** Dieser Neurotransmitter ist dafür verantwortlich, verschiedene physiologische Prozesse im Körper zu regulieren, unter anderem die Steigerung der Herzfrequenz, die Er-weiterung der Atemwege oder die Mobilisierung von Energiereserven im Körper.
- **Serotonin:** Der Neurotransmitter Serotonin spielt eine wichtige Rolle bei der Regulierung von Schlaf, Stimmung, Sexualtrieb, Appetit oder anderen körperlichen Prozessen. Häufig wird dieser Botenstoff auch als „Glückshormon" bezeichnet, da er für die Förderung des allge-meinen Wohlbefindens verantwortlich ist und eine positive Stimmung erzeugen kann.

Die physiologische Komponente der Angst

„KÖRPERLICHE ANGSTSYMPTOME"

Panikattacken zeichnen sich auch durch die starken körperlichen Symptome aus. Hierzu finden Sie im Anschluss ein vertiefendes Kapitel, das Ihnen helfen wird, den eigenen Körper und dessen Re-aktionen besser zu verstehen.

Zu den körperlichen Symptomen während einer Panikattacke zählen auch vegetative (Stress) und motorische Reaktionen. Typisch für physische Reaktionen während einer Panikattacke sind – wie Sie bereits wissen – Herzrasen, Hitzewallungen, Schwindel, Atemnot, Schweißausbrüche, Übelkeit, Bauchschmerzen, Kopfschmerzen, erweiterte Pupillen, innere Unruhe und die Derealisation und Depersonalisation.

Den Angstkreislauf verstehen

Neben den oben genannten Ebenen der Angst setzt sich der Angstkreislauf wie folgt zusammen:

1. Äußerer oder innerer Reiz (physischer oder psychischer Natur)
2. Wahrnehmung
3. Gedanken (Gefahr)
4. Angstverhalten (z. B. Vermeidung, Flucht oder Bewältigung)
5. Physiologische Veränderung
6. Körperliche Symptome

In Gang gesetzt wird der Kreislauf durch einen äußeren oder inneren Reiz, der entweder physischer oder psychischer Natur ist, zum Beispiel durch einen bestimmten Gegenstand, eine bestimmte Person oder durch eine bestimmte soziale Situation. Dieser Reiz wird vom Individuum wahrgenommen und realisiert. Es folgt eine Interpretation des Reizes – in diesem Fall eine Fehlinterpretation. Das heißt: Der eigentlich harmlose Reiz wird als bedrohlich und gefährlich eingeschätzt. Dadurch wird beim Individuum Angst ausgelöst, was zu spezifischem Angstverhalten in Form von Vermeidung, Flucht oder Ähnlichem führt. Die Angst zieht schließlich auch eine physiologische Veränderung nach sich und es treten körperliche Symptome, wie zum Beispiel eine erhöhte Herzfrequenz, starkes Schwitzen oder Atemnot, auf. Diese Angstreaktion führt dazu, dass der ursprünglich neutrale Reiz in Zukunft als noch bedrohlicher wahrgenommen wird, da er von nun an zusätzlich mit der Angstreaktion in Verbindung gebracht werden wird. Damit schließt sich der Kreislauf der Angst.

Beispiel:
Person X liegt in ihrem Bett. Plötzlich merkt sie, wie ihr Herz beginnt, schneller zu schlagen. Sie fängt an, zu zittern und zu schwitzen. Person X hört in sich hinein und konzentriert sich auf die körperlichen Symptome. Sie überlegt, woher diese körperlichen Empfindungen bloß kommen. Was könnte der Auslöser sein? Doch Person X findet keine Erklärung. Das macht ihr noch mehr Angst. Sie bekommt das Gefühl, in akuter Gefahr zu schweben.

Vielleicht hat sie eine Art Herzinfarkt und fühlt sich deshalb so merkwürdig? Plötzlich fällt auch das Atmen immer schwerer. Die Person fragt sich, wieso sie so schlecht Luft bekommt. Könnte sie vielleicht sogar ersticken? Person X beginnt, zu schwitzen. Die Angst wird immer größer.

Im Kopf von Person X spielen sich nun Horrorszenarien ab. Was, wenn alles noch viel schlimmer wird? Wenn die Symptome nicht aufhören?

Die zunehmende Angst sorgt dafür, dass noch mehr Stresshormone im Körper ausgeschüttet wer-den. Infolgedessen zeigt der Körper entsprechende (Stress-) Symptome: starkes Schwitzen, Übelkeit und Schwindel.

Person X nimmt dies mit großer Angst wahr. Die Panik wird immer größer. Erleidet sie gerade einen Herzinfarkt? Oder sogar einen Hirnschlag?

Die Reaktionen des eigenen Körpers machen die Angst noch schlimmer. Dadurch werden noch mehr Stresshormone ausgeschüttet, die zu weiteren körperlichen Reaktionen führen.

Schließlich ist es so schlimm, dass Person X kaum noch Luft bekommt. Spätestens jetzt ist sie vollends davon überzeugt, dass sie in Gefahr schwebt. Die Angst erreicht ihren Höhepunkt. Person X gerät in Panik und hat sogar Todesangst. Das löst noch mehr Stress aus und der Teufelskreis der Angst schaukelt sich immer weiter hoch.

Sie sehen: Bereits harmlose körperliche Symptome reichen aus, um in den Kreislauf der Angst zu geraten. Diesen zu durchbrechen, ist gar nicht so einfach. Dennoch gibt es Mittel und Wege, die dabei helfen, aus dem Teufelskreis zu entkommen.

Wissenschaftler empfehlen zur Durchbrechung des Teufelskreises Folgendes:

LAUFEN SIE NICHT VOR DER ANGST DAVON

- Anstatt auf Flucht- und Vermeidungsstrategien zu setzen, sollten Sie lernen, sich Schritt für Schritt mit der eigenen Angst auseinanderzusetzen.
- Machen Sie sich stets bewusst, dass eine Panikattacke VERGÄNGLICH ist. Sie können während dieses Ausnahmezustands sicher sein, dass es ein Ende geben wird. Typischerweise läuft eine Panikattacke in drei Phasen ab: Anfluten, Maximum (Höhepunkt der Angst) und Abfluten. Die Angst wird also vorübergehen – in der Regel nach etwa 20 bis 30 Minuten. Machen Sie sich außerdem bewusst, dass Sie auch während einer solchen Attacke aktiv gegensteuern können, zum Beispiel, indem Sie Ihren Fokus bewusst auf Ihre Atmung legen. Atmen Sie tief ein und aus und konzentrieren Sie sich voll und ganz auf Ihren Atem. Versuchen Sie, aufkommende Gedanken vorbeiziehen zu lassen und ihnen keine Aufmerksamkeit zu schenken. Atmen Sie stets bewusst langsam und tief, um Ihrem Körper zu signalisieren, dass keine reale Gefahr besteht.
- Es ist nicht verboten oder per se negativ, auf körperliche Symptome, wie zum Beispiel einen er-höhten Herzschlag, zu hören. Achtsam zu sein, ist sogar etwas sehr Positives. Versuchen Sie je-doch, nicht in allem direkt etwas Negatives oder Krankhaftes zu sehen.
- Sagen Sie während einer Panikattacke folgenden Satz laut: „Es ist nicht gefährlich. Gleich wird alles wieder normal."

MACHEN SIE SICH MIT IHREN KÖRPERREAKTIONEN VERTRAUT

- Angst bekommen wir meist dann, wenn wir uns bestimmte Dinge nicht erklären können oder sie uns fremd sind. So kann es uns auch mit ungewöhnlichen Körperreaktionen gehen, die wir im All-tag nicht häufig erleben. Machen Sie sich also ganz bewusst mit verschiedenen Körperreaktionen außerhalb Ihrer Komfortzone bekannt, zum Beispiel, indem Sie regelmäßig Sport treiben und hierbei einen erhöhten Puls als völlig normale körperliche Reaktion erleben. So stärken Sie das Vertrauen in Ihren eigenen Körper.
- Setzen Sie sich mit Ihrer Angst auseinander – zum Beispiel, indem Sie sich gedanklich zurück zu Ihrer letzten Panikattacke begeben. Versetzen Sie sich zurück in die Situation und konzentrieren Sie sich bewusst auf die Beobachtung Ihres Körpers. Lassen Sie anschließend wieder Ruhe ein-kehren.

Nichts ist, wie es scheint: Symptome auf Körperebene

Die körperlichen Symptome einer Panikattacke – zum Beispiel Herzrasen oder Atemnot – können einen durchaus in Angst und Schrecken versetzen und mit voller Wucht in den Teufelskreis der Angst katapultieren. Der Hauptgrund hierfür liegt in dem Unverständnis der Betroffenen für die Symptome. Sie suchen verzweifelt nach einer Erklärung für ihre Körperreaktion und finden diese meist in schrecklichen Diagnosen. Während einer Panikattacke denken viele Menschen tatsächlich, dass sie zum Beispiel gerade einen Herzstillstand erleiden oder sogar sterben. In Wahrheit spielt uns unser Körper hier gewissermaßen jedoch einen Streich. Die erlebte Angst fühlt sich für die Betroffenen zwar real an, sie ist jedoch nicht wirklich auf eine körperliche Gefahr zurückzuführen. Im Folgenden erfahren Sie, was bei Angst im Körper passiert und wie sie biologisch gesehen entsteht. Dieses Wissen wird Ihnen dabei helfen, körperliche Symptome in Zukunft besser zu verstehen und einzuordnen.

Wie entsteht Angst im Körper?

Den Kreislauf der Angst kennen Sie bereits. Dieser soll nun mit den biologischen Gegebenheiten in unserem Körper verknüpft werden, um ein tiefergehendes Verständnis für das Entstehen von Angst auf körperlicher Ebene zu erlangen. Ausgangspunkt ist meist folgender: Unser Körper nimmt einen bestimmten Reiz wahr. Er fühlt, hört, sieht oder schmeckt etwas. Diese Wahrnehmung wird an unser Gehirn weitergeleitet. Dort ist die Großhirnrinde für die Interpretation des Reizes verantwortlich. Hierfür zieht sie Erfahrungen aus der Vergangenheit zu Hilfe.

Im Falle der Angst interpretiert das Gehirn den Reiz als etwas (Lebens-) Gefährliches. Diese Information wird ins limbische System weitergeleitet, welches für unsere Gefühle verantwortlich ist. Der sogenannte Mandelkern, der Teil des limbischen Systems ist, beauftragt nun den Hypothalamus, eine entsprechende körperliche Reaktion zu veranlassen. Über die Nervenbahnen werden nun Botenstoffe wie zum Beispiel Adrenalin, Kortisol oder Noradrenalin ausgeschüttet.

In seltenen Fällen – nämlich dann, wenn wir blitzschnell reagieren müssen – reagiert der Mandel-kern sogar ohne eine vorangegangene Verarbeitung des Reizes durch die Großhirnrinde. Das kann zum Beispiel der Fall sein, wenn wir durch ein plötzliches, lautes Geräusch zusammenzucken. Unser Körper wird dann innerhalb von Millisekunden auf Flucht beziehungsweise Kampf oder Verharren vorbereitet. Diese automatische Reaktion gibt es schon seit Urzeiten – und das ist auch gut so. Unserem Vorfahren hat dies regelmäßig das Leben gerettet, wenn plötzliche Gefahr lauerte.

Das Problem mit der Angst liegt nun aber in folgender Gegebenheit: Das Gefühl der Angst stellt sich in unserem Körper unabhängig davon ein, ob es sich um eine reale Gefahr handelt oder ob sich eine Gefahr nur eingebildet oder selbst eingeredet wird. Meldet unser Körper Gefahr, reagiert der Organismus, um zu überleben. Diesem Mechanismus muss – wie gesagt – keine reale Bedrohung zu Grunde liegen. Bei Gefahrenmeldung wird dann das sympathische Nervensystem aktiviert. Dies wiederum hat folgende körperliche Reaktionen zur Folge:

- erhöhter Herzschlag und Erweiterung der Herzkranzgefäße
- Anstieg des Blutdrucks
- Verengung der Blutgefäße der inneren Organe und der inneren Haut
- stärkere Durchblutung der Skelettmuskeln, wodurch es zur Anspannung der Muskeln kommt, sodass diese bereit zum Kampf oder zur Flucht sind
- Verdickung des Blutes als Vorbereitung auf mögliche Verletzungen
- Erweiterung der Bronchien und schnellere Atmung für eine bessere Versorgung mit Sauerstoff
- Beschleunigung des Stoffwechsels aufgrund eines erhöhten Energieverbrauchs
- Verlust des Appetits und Einstellung der Verdauung
- Anstieg des Blutzuckerspiegels und der Blutfettwerte
- Reduktion des Speichelflusses; der Speichel wird zähflüssig
- schwächere Durchblutung der Genitalien, was zu einem Verlust der sexuellen Lust führt
- Vergrößerung der Pupillen, um das Sichtfeld zu erweitern und so die Gefahr besser zu erkennen
- Einstellung von Harn- und Stuhldrang
- Anzapfen der körpereigenen Energiereserven (Fette und Zucker), um im Falle einer Verteidigung genügend Energie zur Verfügung zu haben
- Anstieg der Körpertemperatur
- Bildung von kaltem Schweiß
- hellwacher Zustand und erhöhte Aufmerksamkeit (auf die lauernde Gefahr)
- Nervosität, Unruhe und Erregtheit

In den meisten Fällen kommt es nach wenigen Minuten zu einer Gewöhnung an die Situation, das heißt: Der Körper kehrt langsam wieder in den Normalzustand zurück. Verantwortlich ist hierfür das parasympathische Nervensystem, das den Körper wieder herunterfährt. Dennoch bleibt der Körper auch nach dem Angstzustand noch für eine längere Zeit in Alarmbereitschaft – so lange, bis das Adrenalin und das Noradrenalin vollständig abgebaut sind.

Das parasympathische Nervensystem veranlasst im Körper nun folgende Prozesse:

- Verlangsamung des Herzschlags und Verengung der Herzkranzgefäße
- Verlangsamung des Blutdrucks
- Erweiterung der Blutgefäße der Haut und der inneren Organe
- Entspannung der Skelettmuskulatur
- Verdünnung des Blutes
- Verengung der Bronchien und Verlangsamung der Atmung
- Ankurblung der Verdauung
- Aktivierung der Insulinproduktion
- Speichelfluss kommt in Gang, Speichel wird wieder dünnflüssiger
- Rückkehr des sexuellen Verlangens durch stärkere Durchblutung der Genitalien
- Verengung der Pupillen; möglicherweise Austritt von Tränen
- Blasen- und Darmentleerung
- kein weiteres Anzapfen der Energiereserven (Fette und Zucker)
- Abnehmen der Körpertemperatur im Inneren, gleichzeitig Erwärmung der Temperatur der Haut, wodurch es zur Bildung von Schweiß kommt

Wichtig zu wissen: Bei Panikattacken kann es sowohl zur Aktivierung des sympathischen als auch zur Aktivierung des parasympathischen Systems kommen. Um während und nach einer Panikattacke wieder zur Ruhe zu kommen, ist es essentiell, das parasympathische System zu aktivieren. Dadurch wird der Körper wieder in den entspannten Normalzustand versetzt. Wie Sie diesen Prozess unterstützen können, erfahren Sie jetzt:

Tipps für das parasympathische Nervensystem

- **Zeit in der Natur:** Tatsächlich haben die Natur sowie grüne Umgebungen eine entspannen-de Wirkung auf uns und unseren Körper. Verbringen Sie zur Aktivierung des parasympathischen Systems also ausreichend Zeit an der frischen Luft.
- **Tiefes Atmen und Entspannungstechniken:** Durch tiefes und langsames Atmen wird das parasympathische Nervensystem aktiviert. Atmen Sie bewusst und entspannen Sie Ihren Körper dabei.
- **Achtsamkeit und Meditation:** Durch Achtsamkeits- und Meditationsübungen werden unser Körper und unser Geist in einen Zustand der Ruhe und Entspannung versetzt.

- **Körperliche Aktivität:** Auch regelmäßige Bewegung kann das parasympathische Nerven-system aktivieren und damit Stress abbauen. Achten Sie darauf, eine Aktivität auszuwählen, die Ihnen Spaß und Freude bereitet, wie zum Beispiel lange Spaziergänge, Tanzen oder Radfahren. Achten Sie jedoch darauf, dass Ihr Puls bei der Aktivität nicht zu sehr erhöht ist, denn dadurch kommt das sympathische Nervensystem wieder ins Spiel.

- **Ausreichend Schlaf:** Entscheidend für die Aktivierung des parasympathischen Nervensystems ist auch ausreichend Schlaf. Beachten Sie, dass es sich um qualitativ hochwertigen Schlaf handeln sollte, bei dem Ihr Körper komplett zur Ruhe kommen kann. Mahlzeiten und Blaulicht durch Smartphones oder Fernseher sollten mindestens zwei Stunden vorher zuletzt erfolgen.

Was dieses Kapitel in erster Linie aufzeigt: Unser Körper ist ein echtes Wunder. Er kann sich blitz-schnell an bestimmte Situationen anpassen und damit sogar unser Leben retten. Die Symptome, die der Körper bei drohender Gefahr zeigt, sind nicht zufällig, sondern jedes einzelne Symptom hat einen ganz bestimmten Zweck. Was alle Symptome gemeinsam haben: Sie sind darauf ausgelegt, uns im Ernstfall zu schützen und uns auf eine Flucht oder einen Kampf vorzubereiten. Eigentlich eine tolle Eigenschaft, oder? Wenn Sie das einmal verstanden haben, fällt es Ihnen auch während einer Panikattacke leichter, die Ruhe zu bewahren. Sie verstehen den eigenen Körper besser und wissen, dass all diese Symptome, die der Körper während einer Attacke zeigt, „normale" Angst-symptome sind.

Wenn wir unserem Gehirn glaubhaft vermitteln, dass eine Gefahr vorliegt, wird unser Körper reagieren – egal, ob die Gefahr real oder nicht real ist.

Die gute Nachricht an dieser Stelle: Dieses Prinzip funktioniert auch andersherum. Das heißt: Es gibt bestimmte Strategien, das Gehirn vom Gegenteil zu überzeugen, also davon, dass KEINE Gefahr vorliegt und sich der Körper dementsprechend entspannen kann. Hierzu aber später mehr!

Die Kraft der Emotionen

Sie werden häufig unterschätzt und als „Gefühlsduselei" abgetan: unsere Emotionen. Dabei spielen sie für unser Wohlbefinden und damit unser ganzes Leben eine große Rolle. Nicht zu unterschätzen ist auch der Einfluss von Emotionen in Bezug auf Angststörungen. In diesem Kapitel erfahren Sie alles rund um die komplexe Welt der Emotionen, welchen Einfluss sie auf unsere Ängste haben und wie wir sie in Bezug auf Panikstörungen positiv nutzen können.

Emotionen: Eine Reise durch die Neurowissenschaften

Was sind Emotionen überhaupt? Der Begriff „Emotion" scheint für viele Menschen nur schwer greifbar. So abstrakt, wie man meinen könnte, sind Emotionen allerdings nicht. Neurowissenschaftler bezeichnen Emotionen als „momentan erlebte, subjektive Gefühle", die durch bestimmte chemische Prozesse in unserem Körper ausgelöst werden. Das heißt: Es werden sogenannte Botenstoffe im Körper ausgeschüttet. Hierbei handelt es sich vor allem um diese drei Botenstoffe:

1) **Serotonin:** Dieser Botenstoff ist auch als Glückshormon bekannt. Er ist für unsere Stimmung und das Gefühl des Wohlbefindens verantwortlich.

2) **Dopamin:** Dieser Botenstoff ist der sogenannte Motivator und Belohnungsverstärker unter den Neurotransmittern. Er steuert unseren Antrieb und unsere Freude.

3) **Cortisol:** Dieser Botenstoff wird in bedrohlichen Situationen aktiv. Er ist daher auch als Stresselement bekannt.

Unsere Emotionen werden von diesen drei Botenstoffen gesteuert. Das komplexe Zusammenspiel dieser drei Stoffe bestimmt, wie es uns emotional gerade geht. Befinden sich die drei Stoffe in einem harmonischen Gleichgewicht, fühlen wir uns emotional stabil und ausgeglichen. Ein Ungleich-gewicht der Botenstoffe kann hingegen zu emotionalen Turbulenzen führen. Bei einer übermäßigen Cortisol-Ausschüttung kommt es beispielsweise oft zu vermehrt negativen Emotionen wie Angst und Sorge. Dirigiert wird die Ausschüttung der Botenstoffe und deren chemische Zusammensetzung übrigens von unserem Gehirn.

Die selbsterfüllende Prophezeiung: Wie Gedanken Emotionen beinflussen

Wenn also die Ausschüttung der Botenstoffe und damit auch die Emotionen selbst von unserem Gehirn gesteuert werden, muss das im Umkehrschluss auch heißen, dass jeder Mensch selbst Ein-fluss darauf nehmen kann – und zwar mit Hilfe seiner Gedanken und inneren Einstellung. Der bekannte Neurowissenschaftler Gerald Hüther (* 1951) nennt in diesem Zusammenhang das faszinierende Phänomen der selbsterfüllenden Prophezeiung. Wenn sich negative Vorahnungen in unseren Gedanken festsetzen, kann dies gewissermaßen zu einer Art unterbewusster Sabotage führen. Unser Gehirn lässt sich von unseren eigenen Vorahnungen leicht beeinflussen und steuert auch unsere Emotionen in diese Richtung. Wir arbeiten sozusagen unbewusst darauf hin, dass manche Dinge einen negativen Ausgang nehmen.

Beispiel:
Wir haben permanent Angst vor einer weiteren Panikattacke. Dies führt dazu, dass unser Gehirn dauerhaft in Alarmbereitschaft versetzt ist. Es schüttet vermehrt den Stress-Botenstoff Cortisol aus, sodass wir in ein emotionales Ungleichgewicht geraten. Wir fühlen uns gestresst und unausgeglichen, wodurch die Ängste weiter verstärkt werden und eine weitere Panikattacke wortwörtlich heraufbeschwört wird – obwohl wir gerade das eigentlich nicht wollen. Der permanente Gedanke da-ran beeinflusst unsere Emotionen jedoch so stark, dass sich daraus die Wirklichkeit formt. Es ist fast so, als würde das Gehirn auf eine selbstbestätigende Reise gehen.

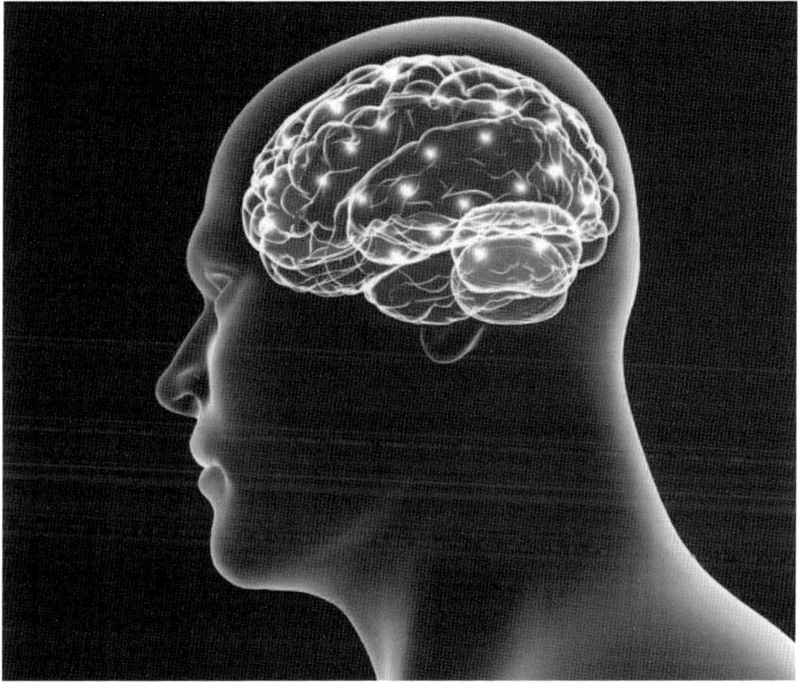

Negative Vorstellungen beeinflussen also nicht nur unsere Wahrnehmung, sondern auch die bio-chemischen Prozesse in unserem Körper. Schon ist man wieder im altbekannten Teufelskreis der Angst gefangen: Die Gedanken bestärken die negativen Emotionen, diese verstärken wiederum die Gedankenmuster und so weiter. Durch diese Wechselwirkung kommt es schließlich zu einer sich selbst erfüllenden Prophezeiung. Wir können also durchaus sagen: Die eigenen Gedanken formen unsere Realität.

Die Umkehrung der Prozesse: Emotionen und Gedanken als Schlüssel zur Veränderung

Die Neurowissenschaften lehren uns jedoch auch eine positive Nachricht: Die eben beschriebenen neuronalen Prozesse laufen nicht nur in eine Richtung ab. Genauso, wie sich negative Emotionen und Gedanken verstärken können, können sich natürlich auch positive Emotionen und Gedanken verstärken. Dieser Prozess lässt sich also einfach umkehren. Es liegt in Ihrer eigenen Macht, Ihre Emotionen und Gedanken so zu steuern, dass die biochemischen Abläufe in Ihrem Körper in eine positive Richtung gelenkt werden. Hierzu finden Sie übrigens auch im weiteren Verlauf dieses Rat-gebers noch zahlreiche praktische Tipps und Tricks!

Neurowissenschaftler Gerald Hüther rät ganz allgemein dazu, dass wir uns dieses Zusammenhangs zwischen Emotionen und biochemischer Prozesse bewusst werden sollten. Wer negative Denk-muster bewusst wahrnimmt und erkennt, kann diese aktiv verändern und die biochemischen Prozesse im Körper, die unsere Emotionen formen, bewusst modifizieren. Wir können also unser emotionales Erleben bewusst durch Selbstreflexion und die Lenkung unserer Gedanken beeinflussen.

Lesetipp: Gerald Hüther als Wegweiser

Wenn Sie mehr über die komplexe Welt der Emotionen erfahren möchten, sollten Sie sich unbedingt mit den Büchern von Gerald Hüther auseinandersetzen. Dort erlangen Sie noch tiefere Einblicke in die Zusammenhänge zwischen Emotionen, Gedanken und unserem Gehirn. Hüther lehrt den Leser nicht nur, bewusster mit den eigenen Emotionen umzugehen, sondern auch, aktiv an der Gestaltung der eigenen, inneren Welt teilzunehmen.

Es lässt sich also festhalten: Emotionen sind KEIN Zufall, sondern vielmehr das Ergebnis präziser biochemischer Prozesse, die sich in unserem Körper abspielen. Die Erkenntnis, dass wir unseren Emotionen und Launen nicht hilflos ausgesetzt sind, sondern diese aktiv beeinflussen können, öffnet neue Türen – ganz besonders in Bezug auf Angststörungen.

Jeder Mensch hat also die Möglichkeit, das Wechselspiel zwischen Gedanken und Emotionen zu beeinflussen und damit die eigene Realität aktiv zu gestalten. Diese Erkenntnisse haben wir der Neurowissenschaft zu verdanken, die uns Werkzeuge an die Hand gibt, um Emotionen besser zu verstehen und sie sogar als Quelle für ein erfülltes und bewusstes Leben ohne Angststörungen zu nutzen.

Unbewusste Steuerung der Gedanken

Nachdem Sie nun einen Einblick in die Verbindung zwischen unseren Emotionen, Gedanken und Prozessen im Körper gewonnen haben, widmet sich dieses Kapitel tiefergreifend der Kraft unserer eigenen Gedanken. Auf den nächsten Seiten erfahren Sie alles über den Einfluss unserer Gedankenwelt und darüber, wie sich Denkprozesse steuern lassen, um Angststörungen positiv zu beeinflussen.

Gedankenmuster als unsichtbare Fäden aus der Vergangenheit

„Die Gedanken sind frei" – oder doch nicht? Leider sind unsere Gedanken häufig nicht so frei, wie wir denken. Sie werden nämlich oft von unterbewussten Prozessen geprägt, die sich in uns abspielen, ohne dass wir diese bewusst wahrnehmen. Häufig sind diese unterbewussten Prozesse negativ geprägt, was dazu führt, dass negative Gedankenspiralen entstehen, die zu selbsterfüllenden Prophezeiungen führen können. Diese führen wiederum dazu, dass wir durch unser Denken bestimmte Ereignisse „heraufbeschwören" und manifestieren. In diesem Zusammenhang ist auch häufig die Rede vom „Gesetz der Resonanz".

Exkurs: Das Gesetz der Resonanz

Das Gesetz der Resonanz stammt ursprünglich aus der Quantenphysik. Es besagt, dass ähnliche Energien und Schwingungen miteinander in Resonanz treten und sich anziehen. Praktisch bedeutet das: Wir ziehen Ereignisse, Situationen oder Menschen in unser Leben, die mit unserer eigenen energetischen Frequenz in Resonanz stehen. Wer also positiv denkt, wird positive Erlebnisse an-ziehen. Umgekehrt können aber natürlich auch negative Gedanken zu negativen Ereignissen und Situationen führen.

Doch woher kommen diese unterbewussten, negativen Denkmuster? In den meisten Fällen haben diese ihre Wurzeln in der frühen Kindheit. Sie sind also „unsichtbare Fäden" aus der Vergangenheit, die unser Leben bis heute prägen – auch, wenn wir das bewusst gar nicht so wahrnehmen.

Die Kindheit ist so eine prägende Phase, dass negative Erlebnisse und Erfahrungen, die während dieser Zeit gemacht werden, das ganze Leben und Denken beeinflussen können. In dieser Phase formen sich unser Selbstbild und unsere Wahrnehmungen so stark wie in keiner anderen Phase unseres Lebens. Die Muster, die während dieser Zeit entstehen, beeinflussen uns ein Leben lang. Unsere Wahrnehmung wird dadurch unbewusst wie durch unsichtbare Fäden gesteuert.

Vor allem negative Erfahrungen und unbewältigte Konflikte aus der Vergangenheit bzw. Kindheit manifestieren sich häufig in negativen und festgefahrenen Gedankenmustern, die uns fest im Griff haben.

Selbstwirksamkeit und Vorerfahrungen als Dirigenten unserer Gedanken

Wie können wir die „Macht" über unsere Gedanken zurückgewinnen, negativen Gedankenmustern entkommen und Ängste überwinden?

Die Schlüsselwörter hierfür lauten: Selbstwirksamkeit und Vorerfahrungen. Was genau damit gemeint ist, erfahren Sie sogleich.

Wer fest daran glaubt, dass er dazu in der Lage ist, die eigenen Gedanken zu steuern und in eine positive Richtung zu lenken, wird schließlich auch dazu in der Lage sein, dies tatsächlich zu tun. Diese Menschen haben nämlich eine hohe Selbstwirksamkeitserwartung. Das heißt: Ihre eigene Überzeugung in ihre Fähigkeiten beeinflusst ihr Leben positiv. Sie haben ein großes Vertrauen in sich selbst und in ihre Fähigkeit, die eigenen Gedanken zu lenken und damit positive Veränderungen in ihrem Leben herbeizuführen.

Was können Sie daraus lernen? Ganz einfach: Glauben Sie an sich und die Macht Ihrer Gedanken. Fangen Sie an, positiv zu denken und das Glas nicht halb leer, sondern halb voll zu sehen. Zugegeben: Manchmal ist das leichter gesagt als getan. Wer es allerdings gar nicht erst versucht, hat schon verloren! Ihre Gedanken gehören Ihnen – steuern Sie sie also bewusst in eine positive Richtung und schon bald werden Sie merken, wie sich Ihr komplettes Leben in eine positive Richtung verändert und Zweifel und Ängste einen immer kleineren Platz einnehmen.

Geformt werden unsere Selbstwirksamkeitsüberzeugungen von den Vorerfahrungen, die wir im Laufe unseres Lebens sammeln. Ganz besonders die Vorerfahrungen aus der Kindheit haben einen großen Einfluss auf uns und unsere Denkmuster. Die sogenannte „Prägungsphase" in der Kindheit ist eine besonders entscheidende Zeit, in der viele grundlegende Standpunkte und Überzeugungen geformt werden, die das ganze Leben beeinflussen. Hat ein Kind beispielsweise in jungen Jahren ein traumatisches Erlebnis mit einem Hund gehabt, ist die Wahrscheinlichkeit hoch, dass das Kind im weiteren Verlauf seines Lebens eine starke Angst vor Hunden entwickelt. Wer also in der Vergangenheit negative Erfahrungen gemacht hat, wird dazu neigen, sein komplettes Denken und alle Handlungsmuster nach diesen Erfahrungen auszurichten. Genau diesen Teufelskreis müssen Sie versuchen, zu durchbrechen, indem Sie positive Erfahrungen sammeln und damit die negativen Vorerfahrungen „überschreiben".

Machen Sie sich stets bewusst: Ganz alleine Sie selbst können Ihre Gedanken steuern und um-wandeln. Natürlich werden diese geprägt durch (negative) Vorerfahrungen und veraltete Denkmuster – aber es ist nie zu spät, diese zu durchbrechen. Der erste und zugleich wichtigste Schritt hierfür liegt in der bewussten Auseinandersetzung mit den eigenen Denkmustern. Hinterfragen Sie Ihre Gedanken auch einmal kritisch:

- Wieso kommen oft Zweifel bei mir auf?
- Wieso habe ich in dieser einen Situation das Gefühl, es nicht schaffen zu können?
- Wieso sind meine Gedanken häufig so negativ behaftet?

Vielleicht, weil Sie ein negatives Selbstkonzept haben? Oder weil Sie in der Vergangenheit schlechte Erfahrungen gemacht haben? Vielleicht liegt es auch daran, dass Sie einfach nicht genug an sich selbst glauben? All diese Dinge haben zur Folge, dass wir negative Denkmuster verfestigen und schließlich in ein negatives Mindset verfallen, in dem Ängste und Unsicherheiten zur Tagesordnung gehören. Wer nämlich permanent negativ denkt, zieht nach dem Gesetz der Resonanz nur noch mehr Negativität in sein Leben. Daraus kann ein negatives Mindset entstehen, das sich durch pessimistische Gedanken, Selbstzweifel und die Neigung, stets negative Ereignisse zu betonen, aus-zeichnet.

Versuchen Sie, eine gewisse Distanz zwischen sich selbst als Person und Ihren Gedankenmustern herzustellen. Welche negativen Gedankenspiralen können Sie erkennen? Hinterfragen Sie ganz bewusst, woher manche Gedanken kommen und welche Ursache diese haben könnten. Es geht hierbei nicht darum, die Vergangenheit zu verkennen, sondern vielmehr darum, ihre Auswirkungen auf die Gegenwart zu verstehen.

Gedankenmuster aufdecken: Eine Reise zu sich selbst

Die bewusste Auseinandersetzung mit der eigenen Gedankenwelt beginnt bei der Selbstreflexion. Beobachten Sie sich ganz genau, wenn das nächste Mal negative Gedanken auftauchen. In welchen Situationen passiert das? Welche Emotionen gehen damit einher? Schreiben Sie die negativen Gedanken auf und notieren Sie auch, in welchen Situationen diese auftauchen.

Beispiel:
Gestalten Sie die Dokumentation Ihrer Gedanken wie einen Tagebucheintrag. Notieren Sie das Datum und gegebenenfalls eine bestimmte Situation, zu der Sie Ihre Gedanken aufschreiben möchten, zum Beispiel eine Präsentation im Büro.

Welche Gedanken hatten Sie dabei?
„Ich fühle mich unsicher und habe Angst davor, dass mich meine Kollegen für inkompetent halten könnten."

Welche Gefühle hatten Sie dabei?
„Angst, Stress, Unsicherheit."

Welche Beweise gibt es, dass Ihre Gedanken nicht wahr sind?
„Ich habe bereits erfolgreiche Präsentationen gehalten und stets positives Feedback erhalten. Meine Kollegen zeigen mir dabei stets Unterstützung."

Welche alternativen Gedanken könnten Sie also fassen?
„Auch wenn ich nervös bin, habe ich mich gut vorbereitet und werde die Situation gut meistern. Auch wenn nicht alles perfekt läuft, ist das in Ordnung. Fehler sind menschlich."

Was können Sie nun tun?
„Zur Beruhigung kann ich die Präsentation noch einmal durchgehen und tief durchatmen."

Kultivieren Sie positive Gedanken

Machen Sie sich immer wieder bewusst, dass Sie die Macht besitzen, Ihre Gedanken zu steuern und in eine andere Richtung zu lenken. Dass negative Gedanken aufkommen, ist völlig normal – Sie müssen diese jedoch nicht einfach tatenlos hinnehmen!

Beginnen Sie, positive Gedanken in Ihren Alltag zu integrieren, und setzen Sie sich klare Ziele. Formulieren Sie diese stets positiv. Das heißt: Anstatt zu sagen „Ich möchte nicht mehr so ängstlich durchs Leben gehen", sagen Sie lieber: „Ich möchte mutig und frei durchs Leben gehen!" Erkennen Sie den Unterschied zwischen diesen beiden Formulierungen? Die erste Formulierung nutzt negative Umschreibungen in Kombination mit Verneinungen, was der Aussage direkt eine gewisse Negativität verleiht. Die zweite Formulierung hingegen verzichtet auf Verneinungen und setzt dabei auf eine positive und klare Formulierung. Damit tricksen Sie gewissermaßen auch Ihr Gehirn aus. Dieses kommt durch positive Formulierungen nämlich gar nicht erst mit Verneinungen oder negativen Begriffen in Kontakt. Dadurch verhindern Sie, dass unterbewusst negative Formulierungen manifestiert werden. Außerdem kann das Gehirn die Wörter „nein" und „nicht" gar nicht verarbeiten. Wenn Sie also den Vorsatz „Ich möchte nicht ängstlich durchs Leben gehen" formulieren, kommt bei Ihrem Gehirn lediglich die Information „Ich möchte ängstlich durchs Leben gehen" an. Eine fatale Fehlinformation! Daher sollten Sie stets auf Verneinungen verzichten. Sie sehen also: Bereits einfache Umformulierungen Ihrer Gedanken können einen großen Unterschied machen und Ihr komplettes Mindset in eine positivere Richtung lenken.

Wie können diese theoretischen Überlegungen zur Steuerung Ihrer Gedanken nun aber konkret umgesetzt werden? Hierzu finden Sie im Folgenden praktische Übungen, die sich einfach und unkompliziert in den Alltag integrieren lassen und Ihnen dabei helfen, die unsichtbaren Fäden der Gedankenmuster zu entwirren, und gleichzeitig eine bewusste Gedankenlenkung ermöglichen.

Übung 1: Gedankentagebuch

Halten Sie Ihre Gedanken in einem Tagebuch fest. Sie können entweder in konkreten Situationen Ihre Gedanken festhalten oder am Ende des Tages reflektieren, welche emotionale Situation Sie gerne aufschreiben würden. Notieren Sie, wie es Ihnen während dieser emotionalen Situation ergangen ist. Welche Gedanken sind Ihnen dabei durch den Kopf gegangen? Welche Emotionen haben Sie währenddessen verspürt? Welche äußeren Umstände haben eine Rolle gespielt? Fallen Ihnen vielleicht sogar automatische Muster auf? Gibt es wiederkehrende Überzeugungen oder Denkweisen? Notieren Sie abschließend unbedingt auch etwas Positives oder zumindest alternative, positive Gedanken, die Ihre beschriebene Situation ebenfalls umschreiben könnten.

Übung 2: Achtsamkeit und bewusstes Atmen

Der Schlüssel zur bewussten Gedankenlenkung heißt: Achtsamkeit. Achtsamkeit richtet sich je-doch nicht ausschließlich auf Gedanken oder Ängste. Sie kann sich auch (bzw. ganz besonders) auf die „kleinen" Dinge im Alltag richten, zum Beispiel das Atmen.
Nehmen Sie sich also bewusst 5 Minuten am Tag Zeit, um Achtsamkeit in Form einer kleinen Atemübung zu trainieren.

So gehen Sie vor:

Setzen Sie sich bequem hin und schließen Sie Ihre Augen. Nun atmen Sie tief ein und wieder aus. Zählen Sie beim Einatmen bis vier, halten Sie den Atem einen Moment an und zählen Sie beim Ausatmen nochmals bis vier. Wiederholen Sie diesen Vorgang mehrmals. Sobald Gedanken auf-kommen, lassen Sie diese einfach an sich vorbeiziehen. Lassen Sie Ihre Gedanken kommen und gehen, ohne sich von ihnen mitreißen zu lassen, und gehen Sie mit Ihrer Aufmerksamkeit immer wieder zurück zu Ihrem Atem.

Übung 3: Positive Affirmationen

Sie haben in diesem Buch schon viel über selbsterfüllende Prophezeiungen gehört, leider häufig in negativem Kontext. Tatsächlich funktionieren selbsterfüllende Prophezeiungen aber auch ganz ein-fach andersherum. Wer an Positives glaubt, verändert damit das eigene Denken und „be-schwört" positive Dinge in sein Leben.

Machen Sie sich also eine Liste mit positiven Affirmationen, die zu Ihren persönlichen Werten und Zielen passen.

Beispiel:

- „Ich bin gut so, wie ich bin."
- „Ich vertraue mir."
- „Meine Gefühle sind berechtigt."

Wiederholen Sie diese Affirmationen regelmäßig, um positive Denkmuster zu fördern. Ganz besonders in Momenten, in denen negative Gedanken oder Ängste auftauchen, sollten Sie eine passende Affirmation wiederholen. Schon bald werden Sie beobachten, wie sich Ihre gesamte Einstellung verändert.

Übung 4: Visualisierungstechniken

Besonders in Situationen, in denen es Ihnen nicht gut geht und Sie von negativen Gefühlen, wie zum Beispiel Angst, übermannt werden, kann es helfen, die Kraft der Vorstellung zu nutzen. Indem Sie positive Szenarien visualisieren, erzeugen Sie bewusst positive Emotionen.

So gehen Sie vor:

Setzen Sie sich für diese Übung also an einen ruhigen Ort, schließen Sie Ihre Augen und visualisieren Sie vor Ihrem geistigen Auge eine Situation, die positive Emotionen hervorruft. Achten Sie dabei ganz besonders auf die Details und die positiven Gefühle, die damit einhergehen.

Visualisierungsmeditation für zwischendurch:
Schließen Sie Ihre Augen und atmen Sie tief ein und aus. Konzentrieren Sie sich voll und ganz auf Ihre Atmung und spüren Sie, wie Sie nach und nach immer mehr zur Ruhe kommen. Stellen Sie sich nun vor, wie Sie an einem ruhigen und friedlichen Ort sind. Schauen Sie sich vor Ihrem geistigen Auge um. Sie befinden sich an einem wunderschönen Strand. Unter Ihnen spüren Sie den warmen, weichen Sand. Graben Sie sich einmal mit Ihren Füßen ein und verbinden Sie sich ganz bewusst mit der Erde und all ihren Ressourcen. Lassen Sie tiefe Wurzeln aus Ihren Füßen wachsen, immer tiefer und tiefer, bis sie den Erdkern erreichen, das Herz von Mutter Erde. Ziehen Sie dann die Energie von dort über Ihre Lichtwurzeln in Ihren Körper. Gleichzeitig können Sie alles loslassen, was Sie jetzt nicht mehr brauchen. Allen Stress, alle Sorgen. Konzentrieren Sie sich dann wieder auf Ihre Umgebung und hören Sie das Rauschen des Meeres – gleichmäßig und beruhigend, so wie Ihr Atem. Sie riechen das salzige Meerwasser und die frische Luft. Nehmen Sie sich Zeit, um den Ort vollständig zu visualisieren und mit all Ihren Sinnen aufzunehmen. Saugen Sie die Ruhe und Gelassenheit, die von diesem Ort ausgehen, in sich auf. Mit den sanften Wellen-bewegungen atmen Sie ein und aus, bis Sie eine vollständige Entspannung erreicht haben. Wenn Sie bereit dazu sind, können Sie langsam zurückkehren und die Augen öffnen.

All diese Übungen lassen sich unkompliziert in Ihren Alltag integrieren. Wichtig ist, dass Sie regel-mäßig darüber reflektieren, wie sich Ihre Gedanken durch die Übungen verändern und welche Auswirkungen die Übungen auf Ihre Ängste haben. Indem Sie die Fortschritte feststellen und würdigen, können Sie auch feststellen, welche Herausforderungen noch bestehen.

Übung 5: Dankbarkeit
Um positive Gedanken sowie ein positives Mindset zu schaffen, ist Dankbarkeit ein wesentlicher Faktor. Es gibt so viele Dinge, für die wir dankbar sein können. Leider gehen diese im Alltag oft unter. Viel zu oft liegt der Fokus stattdessen auf den negativen Dingen. Fangen Sie daher an, mehr Dankbarkeit in Ihren Alltag zu integrieren. Das ist ganz einfach: Jeden Abend vor dem Schlafengehen denken Sie ganz bewusst an drei Dinge, für die Sie heute dankbar sind. Das kann das schöne Wetter sein, ein liebes Kompliment einer Arbeitskollegin oder einfach nur die Tatsache, dass Sie heute Morgen gesund aufgewacht sind. Formulieren Sie Ihre Gedanken folgendermaßen: „Heute bin ich dankbar für …" Die Herausforderung ist, auch an weniger erfolgreichen Tagen Dinge zu finden, für die man dankbar ist. Und eines ist sicher: Es gibt immer etwas, wofür Sie dankbar sein können.

Entstehung von Angst

„Wer in Angst lebt, wird niemals frei sein.“
(Quelle: Horacio)

Wie Sie bereits wissen, ist das Gefühl der „Angst“ grundsätzlich eine nützliche und sinnvolle Einrichtung der Natur, um uns am Leben zu halten. Wenn die Angst allerdings überhandnimmt und den kompletten Alltag bestimmt, wird sie zum Problem. Sie raubt uns – wie in dem obigen Zitat treffend beschrieben – die Freiheit. Auch den Kreislauf der Angst kennen Sie bereits: Die Angst vor der Angst führt zu einem regelrechten Teufelskreis, der nur schwer zu durchbrechen ist. In diesem Kapitel wollen wir jedoch noch mehr in die Tiefe gehen. Die zentrale Frage lautet: Wie entsteht die Angst, vor der sich Betroffene so fürchten?

Um dieser Frage auf den Grund zu gehen, schauen wir uns die „Zwei-Faktoren-Theorie“ des Psychologen Orval Hobart Mowrer (1907–1982) aus dem Jahr 1947 genauer an. Obwohl die Theorie verhältnismäßig „alt“ ist, zählt sie bis heute zu den interessantesten und wichtigsten Modellen der Psychologie. Zum einen liegt das daran, dass sie wichtige Hinweise zur Entstehung von Angststörungen liefert, zum anderen bietet das Modell einen wichtigen Ausgangspunkt für den Umgang mit diversen Formen der Angst.

Mowrer interessierte sich ganz besonders für die Entstehung von Ängsten und dafür, weshalb diese so schwer zu überwinden sind. Laut dem Psychologen sei es beispielsweise sinnlos, einer Person, die an Flugangst leidet, zu erklären, dass es rein statistisch gesehen wahrscheinlicher ist, beim Überqueren einer Ampel zu sterben als bei einem Flugzeugabsturz. Der Verstand spielt in Bezug auf Ängste meistens nämlich nur eine untergeordnete Rolle. Häufig fürchten wir Dinge, obwohl wir rational gesehen keine Erklärung dafür haben. Der Verstand klammert sich an bestimmte (wenn auch zum Teil unreale) Vorstellungen und behält diese so lange bei, bis sich auch unser Verhalten völlig verändert. Diese Beobachtungen hat Mowrer als erste Person überhaupt gemacht und weiter untersucht. Nach seiner daraus entstandenen Zwei-Faktoren-Theorie haben Angststörungen ihren Ursprung in zwei Phasen.

Beispiel:
Stellen Sie sich eine Person vor, die sehr kontrollierend ist und dementsprechend über jeden Aspekt ihres Lebens die Kontrolle behalten möchte. Für diese Person ist dieses Verhalten fast wie ein Zwang. Diese Person steigt nun das erste Mal in ihrem Leben in ein Flugzeug. Als das Flugzeug abhebt, stellt die Person plötzlich fest: Diese Situation hat sie so ganz und gar nicht unter Kontrolle. Die Person fühlt sich gefangen in dem Flugzeug und in der kompletten Situation. Dies führt dazu, dass die Person eine Panikattacke erleidet. Infolgedessen wird die Person in Zukunft nie wieder in der Lage sein, ein Flugzeug (angstfrei) zu betreten. Ihre negative Erfahrung ist von nun an das Erlebnis, im Flugzeug zu sitzen, gekoppelt. Die Angst wird sogar noch größer und betrifft von da an auch noch andere Gebiete: Die Person hat sogar Angst davor, generell zu reisen, in den Urlaub zu fahren oder auf Geschäftsreise zu gehen.

Behalten Sie dieses Beispiel gut im Hinterkopf, denn es wird uns im Folgenden dabei helfen, die Zwei-Faktoren-Theorie nach Mowrer zu erläutern und besser zu verstehen:

Phase 1: Klassische Konditionierung
In seinen Forschungen legte Mowrer einen großen Fokus auf den Behaviorismus – also die Lehre vom Verhalten des Menschen. Dadurch konnte er feststellen, dass der 1. Prozess, der für das Auf-treten von Ängsten verantwortlich ist, die klassische Konditionierung ist.

<u>Was genau bedeutet das?</u>

- Bei der klassischen Konditionierung verwandelt das Individuum einen eigentlich harmlosen und neutralen Reiz – zum Beispiel ein Flugzeug – in einen schmerzhaften und traumatischen Reiz.
- Ein weiteres Beispiel hierfür: „Seit ich damals diese schlechte Erfahrung mit meinen Kollegen gemacht habe, habe ich Angst davor, ins Büro zu kommen. Das Aufstehen und der Weg zur Arbeit fallen mir jeden Tag schwer."
- Etwas eigentlich Normales und Neutrales wird vom Individuum auf eine unangenehme Weise erlebt. Das Individuum verbindet mit einer neutralen Sache aufgrund der gemachten Erfahrungen etwas Negatives.

Phase 2: Instrumentelle Konditionierung

Sobald eine klassische Konditionierung eingetreten ist (also ein bestimmter Reiz mit einer schmerz-haften Komponente in Verbindung gebracht wird), würde es rein logisch betrachtet reichen, diesem Reiz in Zukunft aus dem Weg zu gehen, um wieder zur Normalität zurückzufinden. Das Gehirn arbeitet bei Ängsten jedoch etwas anders. Um dies zu verstehen, werfen wir einen Blick auf die zweite Phase – die instrumentelle Konditionierung:

- Ausgehend von dem obigen Beispiel der Flugangst könnte man nun meinen, dass diese Person von nun an eben Flugzeuge meiden sollte, um wieder ein normales, angstfreies Leben führen zu können. Leider sind Ängste jedoch viel komplexer. Die Angst der Person aus dem obigen Beispiel kann sich nämlich auch auf andere Bereiche, die der Ursprungsangst ähneln, ausbreiten, zum Beispiel auf das Reisen im Zug oder Auto.
- Auch die alleinige Erinnerung an das Geschehene oder an Flugreisen im Allgemeinen kann Angst und Panik auslösen. Die Person aus dem Beispiel wird also in Zukunft nicht nur Flugzeuge meiden, sondern alles, was sie an Flugzeuge erinnert – also auch Flughäfen oder andere Reisemittel.
- Leider werden Ängste durch dieses Vermeidungsverhalten nur noch mehr verstärkt. Betroffene geraten in den altbekannten Teufelskreis der Angst.

Wie kann die Zwei-Faktoren-Theorie von Mowrer gegen Panikstörungen helfen?

Mowrers Zwei-Faktoren-Theorie zeigt eindringlich, wie irrational Ängste teilweise sind. Viele Ängste, die unser komplettes Leben bestimmen und uns daran hindern, einen normalen Alltag zu haben, basieren zwar auf einer realen Angst, haben aber von Zeit zu Zeit ein irrationales Ausmaß angenommen. Wer sich dessen bewusst wird, kann aktiv gegen seine eigenen Ängste vorgehen.

Machen Sie sich bewusst, dass es völlig in Ordnung ist, vor gewissen Dingen Angst zu haben. Din-gen aus dem Weg zu gehen, die weh tun oder eine echte Bedrohung sind, ist völlig legitim und normal. Bei den meisten unserer Ängste handelt es sich jedoch nicht um bedrohliche Dinge oder Dinge, die uns wirklich weh tun könnten. Diese Ängste sind nicht logisch und auch nicht wichtig für unser Überleben. Ganz im Gegenteil – diese irrationalen Ängste behindern unser komplettes Leben und schränken uns massiv ein.

Mowrer empfiehlt zur „Bekämpfung" dieser irrationalen Ängste Konfrontation. Genauso wie der Mensch dazu in der Lage ist, einen neutralen Reiz mit einer schmerzhaften Erfahrung zu koppeln, ist er auch in der Lage, das Gegenteil zu tun – also diesen ursprünglich neutralen Reiz an etwas Schönes oder zumindest Neutrales zu koppeln. Mowrer rät also ganz klar: Stellen Sie sich Ihren Ängsten und rationalisieren Sie diese. Sie haben beispielsweise panische Angst vor Vorträgen? Überlegen Sie, wovor Sie hierbei konkret Angst haben. Vielleicht davor, ausgelacht zu werden? Als inkompetent abgestempelt zu werden? Einen Blackout zu bekommen? Rationalisieren Sie nun Ihre Bedenken: Wie wahrscheinlich ist es, dass Ihre Befürchtungen eintreten? Wie würden Ihre Kollegen tatsächlich reagieren, falls Sie sich beispielsweise versprechen? Wie würden Sie selbst reagieren, wenn Sie dies bei einer anderen Person beobachten würden? Meist wird bei einer solch kritischen Auseinandersetzung schnell klar: Die eigenen Ängste sind nicht rational und völlig überzogen. Diese Art der Rationalisierung ist ein erster, guter und sinnvoller Schritt. Welche weiteren therapeutischen Verfahren es (begleitend zu der Behandlung durch einen Experten) gibt, erfahren Sie im weiteren Verlauf dieses Ratgebers.

Diagnostik & Therapeutische Verfahren

„Die Angst, sich seinen Ängsten zu stellen, ist schwieriger zu überwinden als die Angst selbst."
(Quelle: anonym)

Differenzialdiagnosen

Vor jeder Therapie steht die Diagnose. Eine richtige und vor allem genaue Diagnose ist die Grund-lage für eine erfolgreiche Behandlung. Nur wer weiß, woran er leidet, kann das Übel bei der Wurzel packen. Schließlich soll es bei der Behandlung von Angststörungen nicht nur darum gehen, Symptome zu lindern, sondern die Ängste und deren Ursachen tatsächlich zu bekämpfen. Dieser Ratgeber kann eine gute Ergänzung zu einer professionellen Therapie gegen Angststörungen sein. Er hilft Ihnen nicht nur dabei, Ängste und Panikattacken besser zu verstehen, sondern Sie finden in diesem Ratgeber auch wertvolle Tipps und Methoden, was Sie aktiv gegen Ihre Panikstörung unternehmen können. Bevor es jedoch um die therapeutischen Verfahren geht, tauchen wir auf den nächsten Seiten tiefer in die Diagnostik ein. Diese erfordert nicht nur ein Verständnis für die diversen Symptome von Angststörungen, sondern vor allem auch eine differenzierte Sichtweise auf ähnliche Erscheinungsbilder von Angst- und Panikstörungen. Die Unterschiede zwischen den verschiedenen Erscheinungsbildern sind oft sehr fein, so dass eine genaue Diagnose nicht immer leicht ist. Die Diagnostik im Bereich der Angst kann also im Hinblick auf die verschiedenen Facetten dieser eine echte Herausforderung sein. Umso wichtiger ist es also, die verschiedenen Ausprägungen so facettenreich wie möglich darzustellen. Generell gilt jedoch, vorerst die „krankhafte" Angst von der „normalen" Angst abzugrenzen – denn auch hier ist die Schwelle oft fein und die Grenzen sind oft nicht klar voneinander zu trennen.

Normale Angst vs. Angststörung

Sie haben auf den vergangenen Seiten bereits viel über Ängste gelesen und gelernt. Zusammen-fassend lässt sich sagen, dass Angst eine grundlegende Emotion ist, die in bestimmten Situationen völlig normal ist. Sie hat evolutionäre Wurzeln und dient dazu, das Individuum auf Bedrohungen vorzubereiten. Die „normale" oder auch „gesunde" Angst tritt jedoch nur dann auf, wenn eine echte Bedrohung vorliegt. Dementsprechend verschwindet die normale Angst auch wieder, sobald die Bedrohung vorbei ist. Sie ist also adaptiv und sichert das Überleben des Individuums.

Die Angststörung hebt sich von der normalen Angst ab, indem sie auch außerhalb von echten und konkreten Bedrohungssituationen auftritt. Während die echte Angst zu funktionalen Lösungsstrategien führen soll, führt eine Angststörung lediglich zu einer Belastung des Individuums. Sie ist keine Hilfe oder Unterstützung für die Betroffenen, sondern vielmehr eine dauerhafte Beeinträchtigung, die einem Betroffenen kein normales Leben mehr ermöglicht. Da Angststörungen oft „normale" Ängste als Ursprung haben, sind die Grenzen und Übergänge meist fließend. Ein Blick auf die Intensität, Dauer und Funktionalität der erlebten Symptome kann dennoch schnell für Klarheit sorgen.

Beispiel:
Angst vor Vorträgen haben viele Menschen. Die meisten von uns kennen das Gefühl der Nervosität und ein leichtes Unwohlsein, bevor man vor eine Menschenmenge tritt und einen Vortrag hält. Auch leichte körperliche Symptome, wie zum Beispiel schwitzige Hände oder ein erhöhter Puls, sind völlig normal. Nicht normal sind hingegen heftige und langanhaltende körperliche Symptome, wie zum Beispiel Atemnot oder Herzrasen. Solch heftige Begleiterscheinungen deuten sehr wahrscheinlich darauf hin, dass es sich um keine „normale" Angst, sondern um eine Art von Angststörung handelt, die behandlungsbedürftig ist, da sie alltägliche Situationen für Betroffene unzumutbar macht.

Panikstörungen mit Agoraphobie: Ein komplexes Geflecht von Ängsten

Zur Erinnerung: Bei der sogenannten Agoraphobie handelt es sich sowohl um die Angst vor öffentlichen Plätzen als auch um die Angst vor Orten oder Situationen, in denen es schwierig ist, Hilfe zu bekommen. Darunter fällt unter anderem auch die Platzangst.

Wer an Panikstörungen mit Agoraphobie leidet, erlebt besonders häufig in Situationen Panikattacken, in denen Flucht und Hilfe schwierig sein könnten. Betroffene meiden öffentliche Orte und schränken damit ihre Lebensqualität enorm ein. Ausgangspunkt für eine Panikstörung mit Agora-phobie ist meist eine Panikattacke, die an einer entsprechenden Örtlichkeit oder in einer entsprechenden Situation erlebt wurde. Diese Panikattacke sorgt dafür, dass die Betroffenen eine enorme Angst vor erneuten Panikattacken und den damit verbundenen Situationen entwickeln. Ein Angstkreislauf entsteht.

Panikstörung ohne Agoraphobie

Die Panikstörung ohne Agoraphobie konzentriert sich auf Panikattacken an sich. Diese treten hier-bei meist völlig unerwartet auf und sind nicht an bestimmte Orte oder Situationen gebunden. Die Panikattacken sind dabei stark mit der Furcht vor weiteren Attacken und deren intensiven Symptomen verbunden. Personen mit dieser Diagnose entwickeln häufig eine große Angst um ihre körperliche Gesundheit. Aus diesem Grund leben sie in ständiger Alarmbereitschaft und Sorge.

Agoraphobie ohne Panikstörung

Bei der Agoraphobie ohne vorangegangene Panikstörung handelt es sich um eine eigenständige Diagnose, die sich durch die anhaltende Angst und Vermeidung von Orten oder Situationen aus-zeichnet, in denen Hilfe oder Flucht schwierig ist. Auslöser hierfür ist im Gegensatz zu einer Panik-störung jedoch keine Panikattacke. Bei einer Agoraphobie beschränkt sich die Angst tatsächlich auf die entsprechenden Situationen. Eine Angst vor weiteren Panikattacken ist hierbei nicht ausschlag-gebend. Aus einer Agoraphobie kann sich jedoch eine Angststörung entwickeln, zum Beispiel, wenn Betroffene anfangen, ähnliche Ängste in anderen Kontexten zu entwickeln, die mit der ursprünglichen Situation nicht zwingend verbunden sind. So kann sich beispielsweise die ursprüngliche Angst vor engen Räumen auch auf überfüllte oder offene Räumlichkeiten ausweiten.

Herausforderungen in der Diagnosepraxis

Folgende Faktoren können eine genaue Diagnose in der Praxis häufig erschweren und sollten da-her stets Beachtung finden:

- **Überlappende Symptome:** Viele Angststörungen teilen ähnliche Symptome, wie zum Beispiel Herzrasen, Schwindel oder Atemnot. Diese Symptome tauchen sowohl bei Panikstörungen als auch bei anderen Angststörungen auf. Dadurch wird eine genaue Diagnose oft erschwert.

- **Komorbiditäten:** In der Praxis hat sich gezeigt, dass Angststörungen sehr häufig mit anderen psychischen Erkrankungen einhergehen. So leiden beispielsweise viele Betroffene zugleich auch an Depressionen. Diese Komorbiditäten machen es häufig noch schwieriger, eine genaue diagnostische Abgrenzung zu treffen.

- **Variabilität der Symptome:** Jeder Mensch ist anders – und genauso verhält es sich auch mit den Symptomen. Bei jedem Betroffenen sind diese leicht anders ausgeprägt, was eine Diagnose erschweren kann. Außerdem kann es im Laufe der Zeit auch zu einer Veränderung der Symptome kommen. So ist es beispielsweise möglich, dass eine Person mit einer Panikstörung im Laufe der Zeit auch agoraphobische Tendenzen entwickelt.

Sie sehen also: Eine genaue Diagnostik birgt zahlreiche Herausforderungen und erfordert ein gründliches Verständnis der individuellen Lebensumstände sowie der Krankheitsgeschichte. Der klinische Blick sollte sich dabei nicht nur auf die auftretenden Symptome richten, sondern ganz besonders auch auf die zugrunde liegenden Ursachen.

Ein erfahrener Fachmann wird also immer das „große Ganze" im Blick haben und neben der Untersuchung von Symptomen auch auf die Lebensumstände der Betroffenen achten. Auch funktionale Einschränkungen sind häufig ein entscheidender Faktor bei der Differenzierung.

Diagnostische Instrumente und Screening-Verfahren

In der Praxis gibt es zahlreiche verschiedene diagnostische Instrumente und Screening-Verfahren, die eingesetzt werden können, um zu einer genauen Einschätzung zu kommen. Häufig kommen Interviews, Fragebögen oder auch strukturierte klinische Beurteilungen zum Einsatz. Besonders wichtig ist hierbei der Dialog zwischen Fachleuten und Patienten, da bei einer differenzierten Diagnose auch immer die individuelle Perspektive und Erfahrung eine zentrale Rolle spielen.

Insgesamt lässt sich im Hinblick auf eine differenzierte Diagnose also festhalten: Die Diagnose einer Panikstörung erfordert sehr viel mehr als die bloße Identifikation von Symptomen. Um eine individuelle und passende Diagnose zu stellen, braucht es eine große Sensibilität für die feinen Nuancen zwischen normaler Angst und krankhafter Angst. Sowohl Panikstörungen als auch die Agoraphobie sind sehr komplexe Erscheinungsbilder, die zum Teil überlappende Symptome aufweisen. Dies stellt Fachleute vor große Herausforderungen. Mit dem richtigen Feingespür und ausreichen-den Vorerfahrungen kann in der Regel jedoch eine differenzierte Diagnose gestellt werden, die als Grundlage für weitere Behandlungen dient. In diesem Ratgeber finden Sie wertvolle Anhaltspunkte, die Ihnen dabei helfen, Ihre persönliche Angst besser einzuordnen und zu verstehen. Im Kapitel „Hilfe zur Selbsthilfe" finden Sie außerdem alles Wissenswerte rund um Methoden zur Selbstbehandlung. Sollten Sie jedoch das Gefühl haben, Hilfe durch einen Experten zu benötigen, sollten Sie keinesfalls davor zurückschrecken, sich diese Hilfe auch zu holen. Es gibt Betroffene, die es schaffen, Ihre Ängste durch Selbstreflexion und eigene Bewältigungsstrategien in den Griff zu bekommen – genauso gibt es aber auch Betroffene, die dafür Unterstützung in Form von Therapie benötigen. Beides ist völlig in Ordnung. Sich Hilfe zu suchen, ist niemals ein Zeichen von Schwäche. Sollten Zweifel bei Ihnen aufkommen, ist das Aufsuchen von professioneller Hilfe immer ratsam.

Therapie & traditionelle Behandlungsmöglichkeiten

Die Bewältigung von Panikstörungen erfordert eine individuelle Herangehensweise durch Spezialisten, die auf den jeweiligen Bedürfnissen der betroffenen Person basiert. Besonders wirksam lassen sich Panikstörungen mit einer Psychotherapie oder eine Konfrontationstherapie behandeln. Studien zeigen, dass mehr als 80 Prozent der Patienten nach erfolgreicher Behandlung durch eine Psycho-therapie oder Konfrontationstherapie keine weiteren Panikattacken erlitten haben. Im Folgenden erfahren Sie mehr über diese beiden Ansätze und die damit einhergehenden Chancen und Heraus-forderungen.

Die Macht der Psychotherapie

Definition und Grundprinzipien

Der Begriff der Psychotherapie umfasst verschiedene therapeutische Ansätze und Methoden. Grundsätzlich geht es im Rahmen einer Psychotherapie jedoch immer darum, psychische Störungen zu lindern oder gar zu heilen. Den Betroffenen soll durch eine Therapie bei der Bewältigung emotionaler Herausforderungen geholfen werden. Ganz besonders in Bezug auf Panikstörungen hat sich die Psychotherapie als sehr wirkungsvoll erwiesen.

Kognitive Verhaltenstherapie (CBT)

Am häufigsten wird im Rahmen einer psychotherapeutischen Behandlung mit der sogenannten kognitiven Verhaltenstherapie gearbeitet – kurz: CBT. Der Fokus dieser Behandlungsmethode liegt auf der Identifizierung dysfunktionaler Denkmuster und Verhaltensweisen, die Panikstörungen aus-lösen bzw. begünstigen. Ziel ist es, diese Denkmuster dann mit Hilfe der Therapie so zu verändern, dass die Symptome der Panikstörung gelindert werden oder sogar komplett verschwinden.

Im Detail sieht der Prozess der CBT bei Panikstörungen wie folgt aus:

- **Erkennen von Denkmustern:**

In den ersten Sitzungen mit einem Psychotherapeuten wird es darum gehen, ganz genau herauszufinden, welche automatisierten Gedanken und Überzeugungen während einer Panikattacke beim Betroffenen auftreten. Die Betroffenen sollen sich hierzu kritisch selbst beobachten. Häufig wird auch das Führen eines Gedanken- oder Paniktagebuchs empfohlen.

Beispiel:
In seinem Gedankentagebuch hält der Betroffene detailliert fest, welche Gedanken während der Panikattacke aufkommen, zum Beispiel: „Ich werde gleich ohnmächtig." Außerdem dokumentiert er, wie er sich vor einer nahenden Panikattacke fühlt. Über einen längeren Zeitraum hinweg können Muster und Gemeinsamkeiten erkannt werden.

- **Hinterfragen von Überzeugungen:**

Im nächsten Schritt geht es darum, die aufgedeckten Denkmuster gemeinsam mit dem Therapeuten kritisch zu hinterfragen. Woher kommen diese Denkmuster? Was ist ihr Ursprung? Gemeinsam mit dem Therapeuten lernen die Betroffenen, alternative Perspektiven einzunehmen und die alten Denkmuster zu hinterfragen. Dadurch überprüfen sie ganz automatisch die Rationalität ihrer Ängste und werden in der Regel feststellen, dass die meisten Ängste irrational sind.

Beispiel:
Falls der Betroffene beispielsweise eine panische Angst vor dem Fliegen hat, können Therapeut und Patient gemeinsam die Ursprünge dieser Denkmuster und deren Rationalität hinterfragen. Da-bei wird gemeinsam untersucht, wie real die Ängste sind und auf welchen Glaubenssätzen sie beruhen. Durch beispielsweise einen Blick auf Statistiken kann der Betroffene erkennen, dass seine Angst überzogen und irrational ist.

- **Verändern von Verhaltensweisen:**

Ein wichtiger Bestandteil der CBT ist die Verhaltensveränderung. Konkret bedeutet das: Die Betroffenen sollen ein alternatives Verhalten erlernen, das nicht zu einer Panikattacke oder weiteren Ängsten führt. Hierfür können beispielsweise bestimmte Situationen aufgesucht werden, die bei den Betroffenen normalerweise Angst auslösen würden. In diesen Situationen sollen die Betroffenen nun gezielt lernen, adaptive Verhaltensweisen anzuwenden, um Angstreaktionen zu verringern.

Beispiel:
Leidet ein Betroffener beispielsweise unter Platzangst, könnte er es sich zur Aufgabe machen, schrittweise kleine Aufgaben, wie zum Beispiel das Betreten eines Aufzuges, im Alltag anzuwenden, um seine Ängste langsam abzubauen und Erfolgserlebnisse zu haben.

- **Entwicklung von Bewältigungsstrategien:**

Ein ebenso wichtiger Aspekt der CBT ist das Erlernen bzw. die Entwicklung von effektiven Bewältigungsstrategien, die die Betroffenen in konkreten Situationen zur Linderung von Panik anwenden können. Das reine Wissen, dass effektive Bewältigungsstrategien zur Verfügung stehen, kann Ängste lindern. Die Betroffenen lernen zum Beispiel bestimmte Entspannungstechniken, Atem-übungen oder Stressbewältigungstechniken kennen.

Beispiel:
Dem Betroffenen wird beispielsweise eine bestimmte Atemtechnik an die Hand gegeben, die er während einer Panikattacke (oder bereits vorher) in Absprache mit seinem Therapeuten anwenden soll. Der Therapeut schreibt ihm diese Übung auf einem kleinen Zettel auf, so dass der Betroffene während einer Attacke einen haptischen und visuellen Anhaltspunkt hat.

Die Erfolge einer CBT-Behandlung bei Panikattacken können sich sehen lassen: Etwa 80 Prozent der Patienten können sich nach einer abgeschlossenen CBT über eine starke Reduzierung von Panikattacken freuen. Sie berichten von einer signifikanten Verbesserung der eigenen Lebensqualität. Durch die Therapie haben sie gelernt, ihre eigenen Ängste besser zu verstehen und wirksamer darauf zu reagieren.

Konfrontationstherapie: Der Angst in die Augen blicken

Definition und Grundprinzipien

Die Konfrontationstherapie ist unter Fachleuten auch unter dem Begriff Expositionstherapie bekannt. Sie zielt darauf ab, Ängste direkt anzugehen. Im Klartext heißt das: Betroffene sollen mit ihren Ängsten bzw. den angstauslösenden Situationen kontrolliert und schrittweise konfrontiert werden. Dieser Ansatz basiert auf der Annahme, dass die Angstreaktion reduziert wird, indem Betroffene immer wieder den angstauslösenden Reizen gegenübertreten und dadurch die Erfahrung machen, dass die angstauslösenden Reize keine „echte" Bedrohung darstellen.

Systematische Desensibilisierung

Ziel der Konfrontationstherapie ist es also, die Betroffenen in Bezug auf die angstauslösenden Reize zu desensibilisieren. Sie sollen auf diese also nicht mehr sensibel und ängstlich reagieren. Im Zuge dessen spricht man auch von der sogenannten „Systematischen Desensibilisierung". Wie diese im Detail abläuft, erfahren Sie jetzt.

- **Erstellung einer Angsthierarchie**

Gemeinsam mit dem Therapeuten erstellt die betroffene Person eine Liste, auf der sie sämtliche Situationen aufzählt, die bei ihr Angst auslösen. Die Situationen werden in einer bestimmten Reihen-folge aufgelistet: von der Situation, die am wenigsten Angst auslöst, bis zu der am meisten angst-auslösenden Situation.

- **Schrittweise Exposition**

Nun wird die betroffene Person der erstellten Liste entsprechend schrittweise und kontrolliert den Situationen ausgesetzt, die bei ihr Angst auslösen. Der Betroffene beginnt bei der Situation, die am wenigsten Angst auslöst. Die Konfrontation kann auf verschiedenen Wegen erfolgen: entweder durch die reine Vorstellung, durch verbale Beschreibung oder durch eine tatsächliche Konfrontation.

- **Entspannungsübungen**

Während der Konfrontation werden bestimmte Entspannungsübungen, wie beispielsweise spezielle Atemtechniken, angewandt, um die physiologische Reaktion des Betroffenen auf die angstauslösende Situation zu verringern. Weitere hilfreiche Methoden sind außerdem progressive Muskelentspannung oder Meditationsübungen. Hierzu finden Sie im weiteren Verlauf dieses Ratgebers eine Auswahl an Übungen.

- **Fortschreitende Konfrontation**

Wurde eine der angstauslösenden Situationen auf der Liste erfolgreich bewältigt, wird zur nächsthöheren Situation übergegangen. So arbeiten sich die

Betroffenen gemeinsam mit dem Therapeuten Schritt für Schritt zu den komplexeren und intensiveren Situationen hoch. Durch die vorangegangenen Erfolgserlebnisse sind die betroffenen Personen dafür jedoch bestens gewappnet.

Die systematische Desensibilisierung hat sich als äußerst wirksame Methode erwiesen: Sie kann nachweislich Ängste verringern und die Konfrontation mit angstauslösenden Situationen erleichtern. Die Betroffenen lernen durch den therapeutischen Ansatz, dass die angstauslösende Situation keine unmittelbare Gefahr darstellt.

Gemeinsame Elemente und Herausforderungen

Zwar handelt es sich bei CBT und der Konfrontationstherapie um zwei unterschiedliche Ansätze, jedoch können diese sehr effektiv kombiniert werden und sich so optimal ergänzen. Während die kognitive Verhaltenstherapie dabei helfen kann, dysfunktionale Denkmuster zu identifizieren und schließlich auch zu verändern, zielt die Konfrontationstherapie auf die direkte Exposition gegenüber den angstauslösenden Situationen ab und ist damit insgesamt handlungsorientierter.

Langfristige Wirkungen und Rückfallprävention

Beide Therapieformen haben in der Praxis gezeigt, dass sie sich langfristig äußerst positiv auf den Gesundheitszustand der Betroffenen auswirken können. Rückfälle können mit Hilfe der erlernten Bewältigungsstrategien und der veränderten Denkmuster verhindert werden. Experten empfehlen jedoch regelmäßige „Auffrischsitzungen", um auch langfristig frei von Angststörungen zu leben.

Herausforderungen der Therapie
Jede Therapie birgt neben den Aussichten auf Erfolg auch einige Herausforderungen, über die Sie sich bewusst sein sollten.

- **Therapieadhärenz:**

Die kontinuierliche Teilnahme an einer Therapie sowie die konsequente Anwendung der im Rahmen dieser erlernten Techniken erfordern vonseiten des Patienten ein hohes Engagement. Es kann eine echte Herausforderung sein, die Motivation über einen solch langen Zeitraum aufzubringen. Hilfreich kann es hierbei sein, den eigenen Fortschritt detailliert zu dokumentieren. Dadurch wird sichtbar, wie weit Sie schon gekommen sind und welche Fortschritte Sie bereits gemacht haben. Die Motivation kann dadurch auch nach kleinen Rückschritten aufrechterhalten bleiben.

- **Komorbiditäten:**

Häufig gehen Panikstörungen mit anderen psychischen Erkrankungen einher – zum Beispiel De-pressionen. Solche Fälle erfordern komplexere Behandlungen, was eine zusätzliche Herausforderung bedeutet.

- **Individuelle Unterschiede:**

Nicht zu vergessen ist der Fakt, dass jeder Mensch und jede Angststörung einzigartig sind. Das heißt: Was für die eine Person funktioniert, kann für eine andere Person auch der falsche Ansatz sein. Bei einer Therapie geht es also auch immer darum, sich an die individuellen Bedürfnisse jeder Person anzupassen und so den optimalen Therapieansatz zu finden. Mehr dazu finden Sie im Folgenden.

Notwendigkeit von Individualisierung und integrativen Ansätzen
Panikstörungen können sowohl in ihrer Erscheinungsform als auch in ihrer Ursache stark variieren. Aus diesem Grund ist es wichtig, dass die Therapieansätze individualisiert werden. Im Rahmen eines verständnisvollen und unterstützenden therapeutischen Umfelds wird Raum für die Anpassung von Strategien und Methoden geschaffen, so dass spezifische Bedürfnisse der Betroffenen berücksichtigt werden können.

Integrative Ansätze
Als besonders wirkungsvoll haben sich integrative Ansätze erwiesen. Hierbei werden je nach Bedarf verschiedene Therapiemethoden miteinander kombiniert. So kann beispielsweise eine Kombination aus kognitiver Verhaltenstherapie, Entspannungstechniken und Konfrontationstherapie sehr wirkungsvoll sein. Wie stark die jeweiligen Einflüsse den Therapieansatz prägen und wie die umfassende und individuell angepasste Herangehensweise im Detail aussieht, entscheiden die Bedürfnis-se des Individuums.

Die Rolle des Umfelds: Unterstützung und Verständnis

Inklusion der Angehörigen

Nicht zu unterschätzen ist bei der Behandlung einer Panikstörung der Einfluss des Umfelds sowie der Angehörigen. Es kann sich als großer Vorteil erweisen, die Angehörigen in die Therapie einzubeziehen. Die Unterstützung von Familie und Freunden kann auf die betroffene Person und den Behandlungserfolg einen sehr positiven Einfluss haben. Indem Angehörige mehr über die Krankheit lernen und anfangen, Panikstörungen besser zu verstehen, können sie dazu beitragen, für die betroffene Person ein unterstützendes Umfeld zu schaffen.

Gemeinschaft und Peer-Support

Bewährt hat sich außerdem die Teilnahme an Selbsthilfegruppen bzw. der Austausch mit Menschen, die ähnliche Erfahrungen wie die Betroffenen selbst gemacht haben. Diese Form der Hilfe ersetzt jedoch keine Therapie – vielmehr sollte sie als eine zusätzliche Form der Unterstützung betrachtet werden. Der sogenannte Peer-Support macht es den Betroffenen möglich, sich gegenseitig zu ermutigen und zu motivieren. Außerdem können sie Erfahrungen miteinander teilen und haben so das Gefühl, nicht alleine zu sein. Dies hat auf Betroffene meist eine sehr stärkende Wirkung.

Die Herausforderung der Akutsituation

Sie haben nun viel über therapeutische Ansätze bei Panikstörungen erfahren. Wie aber sollten Sie mit akuten Situationen – sprich: Panikattacken – umgehen?

Umgang mit Panikattacken in Echtzeit

Tatsächlich hat es sich in der Praxis als äußerst schwierig erwiesen, während einer Panikattacke spezifische Therapieansätze anzuwenden, da diese überwiegend auf Prävention ausgelegt sind. Was in solchen Momenten jedoch hilfreich sein kann, ist das Vorhandensein einer unterstützenden Person oder eines professionellen Helfers. Kurzfristige Hilfe können beruhigende Gespräche, Atemübungen oder Ablenkung leisten.

Notfallpläne und Bewältigungsstrategien

Teil einer jeden Therapie ist es, für den Notfall individuelle Notfallpläne und Bewältigungsstrategien zu entwickeln. Diese Pläne enthalten in der Regel spezifische Schritte, die Sie in Akutsituationen anwenden können. Ein Beispiel hierfür sind spezifische Atemübungen oder Glaubenssätze, die Sie während einer Panikattacke laut oder vor Ihrem geistigen Auge aufsagen können. Vielen Betroffenen hilft es beispielsweise, sich während einer Panikattacke laut vorzusagen, dass die erlebte Angst bzw. die „Gefahr“ nicht real ist: „Ich bin in

Sicherheit. Die Angst geht vorbei. Ich bin in keiner realen Gefahr." Diese Notfallpläne sollen Ihnen im Falle einer Panikattacke helfen und Ihnen aber auch bereits im Vorfeld ein Gefühl der Sicherheit vermitteln. Meistens enthalten die Pläne auch die Kontaktdaten von Unterstützungspersonen.

Wir können also festhalten: Die Therapie von Panikstörungen ist eine Reise, die viel Zeit, Energie, Engagement und individuelle Anpassung erfordert. Die Grundlage für eine erfolgreiche Behandlung bildet die gesamtheitliche Betrachtung der Lebensumstände, der individuellen Bedürfnisse und des Krankheitsbildes der betroffenen Personen. Auch die Fähigkeit zur Selbstreflexion sowie die Schaffung eines unterstützenden Umfeldes können den Erfolg einer Behandlung maßgeblich beeinflussen. Letztendlich geht es bei der Therapie von Panikstörungen – unabhängig von der angewandten Methode – vor allem darum, den Betroffenen zu vermitteln, dass sie nicht nur Heilung finden, sondern auch selbst zum Manager ihrer mentalen Gesundheit werden können.

WAS WIR SELBST TUN KÖNNEN

Die eben vorgestellten therapeutischen Ansätze bieten einen soliden Rahmen für die Bewältigung von Panikstörungen – jedoch erfordert der Weg zur kompletten Heilung etwas mehr als nur Sitzungen im Therapieraum. Die aktive Beteiligung der betroffenen Personen ist für deren Genesung nämlich entscheidend. Für Betroffene ist das übrigens eine sehr gute Nachricht: Es bedeutet nämlich auch, dass Sie als betroffene Person keinesfalls tatenlos „zuschauen“ müssen. Sie selbst können aktiv zur Heilung Ihrer Störung beitragen. Was das genau bedeutet und welche Maßnahmen konkret getroffen werden können, um die Lebensqualität zu verbessern und sich wirksam gegen Panikattacken zu wappnen, erfahren Sie in diesem Kapitel.

Akzeptanz als erster Schritt

Wie heißt es so schön: Einsicht ist der erste Weg zur Besserung. Im übertragenen Sinne gilt dies auch im Hinblick auf Panikstörungen. Nur wer weiß, dass er Hilfe braucht, kann sich auch die Hilfe holen, die er benötigt und verdient. Der Weg zur Selbsthilfe beginnt also ganz klar bei der Akzeptanz der eigenen Situation. Grundlegend ist zudem die Erkenntnis, dass Panikstörungen behandelbar sind und man sich seinem Schicksal nicht ergeben muss. Ganz im Gegenteil: Wer die eigenen Ressourcen aktiv nutzt, kann sogar selbst zur Verbesserung der eigenen Situation beitragen. Akzeptanz bedeutet also nicht Resignation, sondern vielmehr die Bereitschaft, die Kontrolle über das eigene Leben zurückzugewinnen.

Akzeptanz bedeutet übrigens nicht nur, dass Sie bestimmte Gegebenheiten hinnehmen müssen – Akzeptanz kann auch bedeuten, dass Sie bestimmte Situationen loslassen müssen. Um Akzeptanz zu erlangen, muss man unter Umständen auch bereit sein, bestimmte festgefahrene Vorstellungen loszulassen. Hinterfragen Sie hierfür auch einmal Ihre eigenen Erwartungen an sich selbst. Diese stecken wir nämlich unterbewusst zum Teil viel zu hoch. Dabei ist es gerade in Bezug auf Zweifel und Ängste wichtig, nicht zu streng mit sich selbst zu sein und bestimmte (unrealistische) Vorstellungen loslassen zu können. Sie müssen im Leben nicht 100 Dinge gleichzeitig machen oder in je-dem Gebiet der oder die Beste sein. Fehler sind erlaubt und absolut menschlich. Lassen Sie unrealistische Erwartungen an Sie und Ihre Umwelt los und akzeptieren Sie sich selbst so, wie Sie sind – denn genau so sind Sie gut.

Auf dem Weg zur Akzeptanz kann auch eine sogenannte Akzeptanz-Meditation helfen:

Nehmen Sie sich hierzu an einem ruhigen Ort die Zeit, in sich zu gehen. Schließen Sie die Augen und legen Sie den Fokus auf Ihre Atmung. Sie können diese Meditation nun auf ein bestimmtes Ereignis beziehen oder ganz allgemein halten. Wenn Sie die Meditation morgens durchführen, stellen Sie sich gerne vor Ihrem geistigen Auge die Schwierigkeiten vor, die an diesem Tag eventuell noch vor Ihnen liegen. Führen Sie die Meditation abends durch, können Sie die Schwierigkeiten Revue passieren lassen, ohne dass Sie diese bewerten. Folgender Leitspruch kann Sie bei der Meditation unterstützen: „Ich bin gut, so wie ich bin. Ich nehme das Leben so an, wie es ist, und mache das Beste aus jeder Situation. Für Dinge, die ich nicht ändern kann, verschwende ich keine Energie. Meinen Fokus lege ich auf die Dinge, die ich beeinflussen kann. Alles wird gut."

Bildung und Selbstverständnis

Wissen ist bekanntlich Macht – das gilt auch in Bezug auf Panikstörungen. Wer die Mechanismen hinter einer Panikstörung versteht, versteht gleichzeitig auch sich selbst und die eigenen Symptome besser. Schaffen Sie also durch die Beschäftigung mit entsprechender Literatur ein Bewusstsein für die Störung und lernen Sie, die eigenen Symptome besser zu interpretieren. Selbstverständnis schafft die Grundlage für gezielte Maßnahmen. Natürlich sind Sie mit dieser Lektüre bereits auf dem besten Weg dazu.

Integration von Therapieerkenntnissen

Eine Therapie bleibt trotz hoher Eigeninitiative natürlich dennoch unersetzlich. Ausschlaggebend für den Erfolg der Therapie ist dennoch, inwiefern betroffene Personen es schaffen, die während der Therapiesitzung erworbenen Erkenntnisse und Techniken in den Alltag zu integrieren und entsprechend anzuwenden. Zu den Werkzeugen, die im Rahmen einer Therapie erlernt werden, zählen unter anderem die bewusste Anwendung von Atemtechniken, Entspannungsübungen oder kognitive Umstrukturierungen. Das Führen eines Tagebuchs kann helfen, eigene Fortschritte zu messen und Muster zu erkennen.

Proaktives Verhalten im Alltag

Betroffene von Panikstörungen sollten versuchen, in ihrem Alltag stets proaktiv gegen die Panikstörung vorzugehen und sich in keine passive – und damit abhängige – Position zu begeben. Doch was bedeutet ein proaktiver Ansatz? Im Klartext heißt das: Treffen Sie bewusste Entscheidungen und hinterfragen Sie ängstliche Gedanken und Verhaltensweisen aktiv und kritisch. Doch was heißt das konkret? Im Grunde geht es darum, Ängste nicht einfach nur passiv hinzunehmen. Bemerken Sie also angstbesetzte Gedanken oder sogar Handlungen (wie zum Beispiel Vermeidungsverhalten) bei sich selbst, sollten Sie dies niemals einfach hinnehmen, sondern stets kritisch hinterfragen:

- Woher kommt meine Angst?
- Ist die Angst gerechtfertigt und real?
- Ist mein Verhalten gerechtfertigt?

Nur so können Sie Ihre Ängste und Ihr Verhalten letztendlich auch verändern. Ein proaktiver Ansatz bedeutet auch, dass Sie die gezielte Konfrontation mit angstauslösenden Situationen suchen, um Angstreaktionen Schritt für Schritt zu reduzieren. Halten Sie hierzu jedoch auch immer Rücksprache mit Ihrem Therapeuten.

Achtsamkeit und Meditation

Verschiedene Untersuchungen zeigen, dass sich Achtsamkeit und Meditation höchst positiv auf den Verlauf von Panikstörungen auswirken können. So liefern Magnetresonanztomographien (MRT) seit vielen Jahren hochauflösende Bilder von Gehirnstrukturen und ermöglichen es, zu sehen und zu untersuchen, was im Gehirn durch das Meditieren passiert. Es wurde beobachtet, dass regel-mäßige Achtsamkeitsmeditationen bestimmte Bereiche des Gehirns verändern, so die Amygdala, also den Mandelkern, der, wie Sie bereits wissen, unser Angstzentrum ist. Durch Achtsamkeits-übungen können Betroffene außerdem lernen, den gegenwärtigen Moment bewusster wahrzunehmen. Dies kann ihnen dabei helfen, sich von übersteigerten Sorgen und Ängsten zu lösen. Das Meditieren wiederum fördert die Entspannung und legt den Fokus auf unsere Atmung. Dadurch beruhigt sich der gesamte Körper, was Ängste reduzieren kann.

Körperliche Aktivität als Stressregulator

Regelmäßige körperliche Aktivität wirkt sich nicht nur auf die physische Gesundheit extrem positiv aus, sondern hat auch einen positiven Einfluss auf das psychische Wohlbefinden. Tatsächlich wirkt Sport als eine Art „natürlicher Stressregulator". Bei körperlicher Aktivität setzt der Körper nämlich Endorphine frei – und diese sind wiederum dafür bekannt, die allgemeine Stimmung zu verbessern und Stress abzubauen, was sich positiv auf die Bewältigung von Panikstörungen auswirkt. Zudem wird durch körperliche Aktivität der präfrontale Kortex – also der Bereich des Gehirns, der für kognitive Funktionen und die Regulierung von Emotionen verantwortlich ist – stimuliert und gestärkt, was zu einer Verbesserung der kognitiven Leistungsfähigkeit und einer besseren Stressbewältigung führen kann.

Ernährung und Schlaf als Einflussfaktoren

Für einen gesunden Lifestyle sind eine ausgewogene Ernährung sowie ausreichend Schlaf essentiell. Auch der Einfluss dieser beiden Faktoren auf Panikstörungen sollte nicht unterschätzt werden. Sowohl Ernährung als auch Schlafverhalten haben einen großen Einfluss auf die psychische Gesundheit. Besonders ausreichend Schlaf ist ein entscheidender Faktor im Hinblick auf die Regulation von Emotionen. Konkret heißt das für Sie: Achten Sie auf eine möglichst ausgewogene und ab-wechslungsreiche Ernährung, die überwiegend unverarbeitete Lebensmittel beinhaltet, um Ihr Wohlbefinden und auch

Ihre Darmgesundheit zu fördern. Besonders der Darm ist nämlich längst nicht nur für die Verdauung von Nahrung zuständig – er hat auch einen maßgeblichen Einfluss auf die Aufnahme von Nährstoffen, die Regulierung des Immunsystems und unsere Psyche. Für eine gesunde Darmflora sorgen nährstoffreiche Lebensmittel, wie zum Beispiel

- Vollkornprodukte,
- Gemüse,
- Hülsenfrüchte,
- Nüsse und Samen.

Außerdem sollten Sie ausreichend Flüssigkeit (mindestens 2 bis 3 Liter pro Tag!) in Form von ungesüßten Getränken zu sich nehmen. Am besten eignet sich hierfür ungesüßter Tee oder Wasser. Auch fermentierte Lebensmittel, wie Joghurt, Kefir oder Sauerkraut, sind gut für unsere Darmflora und damit auch für unser allgemeines Wohlbefinden. Wer seinem Körper zusätzlich etwas Gutes tun möchte, sollte außerdem (weitestgehend) auf den Konsum von Koffein und Alkohol verzichten. Ebenso wichtig wie die Ernährung ist ein gesunder Schlaf. Im Schlaf verarbeitet der Körper sämtliche Erlebnisse, kommt zur Ruhe und regeneriert sich. Wer nicht ausreichend oder allgemein schlecht schläft, wird schnell einen Mangel an Energie feststellen, wodurch sich sämtliche körperliche Funktionen verschlechtern. Erwachsene Menschen sollten zwischen 7 und 9 Stunden täglich schlafen. Ihren individuellen Schlafbedarf sollten Sie durch Beobachtung selbst feststellen. Achten Sie darauf, dass Sie stets in einer ruhigen und abgedunkelten Umgebung schlafen und während des Schlafs nicht gestört werden. Außerdem sollten Sie mindestens zwei Stunden vor dem Zubettgehen keine elektronischen Geräte, wie zum Beispiel das Smartphone, konsumieren. Das davon ausgehende Blaulicht kann nachweislich unseren Schlaf stören. Setzen Sie stattdessen auf beruhigende und meditative Aktivitäten, wie zum Beispiel Lesen oder Yoga, um Ihren Körper auf die Nachtruhe einzustimmen. Mehr zum Thema Ernährung, Schlaf und Lifestyle finden Sie im weiteren Verlauf dieses Ratgebers!

Aufbau von sozialen Netzwerken

Eine bedeutende Rolle im Kampf gegen Angststörungen kann auch der Austausch mit anderen Menschen spielen – sei es in Form von Freundschaften, Familienangehörigen oder Selbsthilfegruppen. Durch das Teilen von (gemeinsamen) Erfahrungen, Ängsten und Erfolgen kann nicht nur Verständnis geschaffen werden, sondern die Betroffenen erfahren so auch emotionale Unterstützung. Zudem tragen soziale Kontakte zur Reduzierung von Einsamkeit und Isolation bei – zwei Faktoren, die leider häufig mit Panikstörungen einhergehen.

Eigenverantwortung und Selbstwirksamkeit

Ein Schlüsselaspekt bei der Selbsthilfe ist die Übernahme von Eigenverantwortung. In Bezug auf Panikstörungen bzw. psychische Krankheiten im Allgemeinen bedeutet dies, aktiv an der eigenen Genesung mitzuarbeiten und nicht einfach nur passiv auf Genesung zu warten. Der Einfluss des Glaubens an die eigene Selbstwirksamkeit – also die Überzeugung, dass Sie einen Einfluss auf Ihr eigenes Leben haben – sollte keinesfalls unterschätzt werden.

Entspannungstechniken

Wer seine innere Ruhe fördern und körperliche Stressreaktionen minimieren möchte, sollte Entspannungstechniken in den Alltag integrieren. Progressive Muskelentspannung sowie autogenes Training und Yoga können einen großen Einfluss auf die körperliche Entspannung haben und sogar dazu beitragen, das Nervensystem zu beruhigen. Je regelmäßiger diese Techniken im Alltag An-wendung finden, desto besser ist dies für Ihre Gesundheit. Im weiteren Verlauf dieses Ratgebers finden Sie hierzu ausführliche Übungen!

Kontinuierliche Selbstreflexion

Bei Selbsthilfe handelt es sich um einen dynamischen Prozess. Sie werden selbst feststellen, dass dieser Prozess von Höhen und Tiefen geprägt ist. Die Kunst dabei ist, niemals aufzugeben und stets weiter an sich selbst zu arbeiten. Von entscheidender Bedeutung ist hierbei die kritische Selbstreflexion. Das heißt: die eigenen Fortschritte regelmäßig überprüfen, Denkmuster hinterfragen und Strategien immer wieder an die sich verändernden Bedürfnisse anpassen. Nur so kann eine kontinuierliche Weiterentwicklung garantiert werden.

Unterstützung durch Selbsthilferatgeber

Der Ratgeber, den Sie gerade in Ihren Händen halten, ist ein wichtiger Begleiter auf dem Weg in ein gesundes Leben ohne Panikattacken und Angststörungen. Er soll Ihnen als Inspirationsquelle auf dem Weg zur Selbsthilfe dienen und dabei mit wertvollen Informationen, Tipps und Anregungen helfen. Der Ratgeber ist so konzipiert, dass er die optimale Begleitung zu einer Therapie darstellt und auf lange Sicht Ihre Selbstwirksamkeit stärken und den proaktiven Ansatz bei der Bewältigung der Panikstörung fördern wird.

Schlussendlich lässt sich festhalten, dass eine professionelle Therapie bei Panikstörungen einen unverzichtbaren Anker auf dem Weg zur Heilung darstellt – entscheidend für eine erfolgreiche Genesung ist jedoch auch die aktive Beteiligung des Individuums am Prozess. Stichwort: Selbsthilfe. Selbsthilfe bedeutet jedoch nicht nur, den Schritt zur Therapie zu wagen, sondern auch, die im Zuge dessen erlernten Strategien im Alltag aktiv anzuwenden und ein Bewusstsein für das eigene Wohl-befinden zu schaffen. Welche vielfältigen

Möglichkeiten Sie hierfür haben – von Achtsamkeit über körperliche Aktivitäten bis hin zum sozialen Umfeld –, haben Sie auf den vorangegangenen Seiten erfahren.

Angst als erlerntes Verhalten: Und wie wir es wieder verlernen können

Auf neuropsychologischer Ebene ist Angst nicht nur ein emotionales Phänomen, sondern vor allem eins: Sie ist erlernt. Doch was bedeutet das genau? In der Neuropsychologie wird davon ausgegangen, dass es sich bei der Angst um erlerntes Verhalten handelt. Das heißt: Unsere Angst basiert auf Erfahrungen, die wir in der Vergangenheit gemacht haben und die in unserem Körpergedächtnis gespeichert wurden. Bei diesen Erfahrungen kann es sich sowohl um positive als auch um negative Erlebnisse handeln. In diesem Zusammenhang wird auch von „somatischen Markern" gesprochen. Diese somatischen Marker sind dafür verantwortlich, welche körperlichen Reaktionen durch bestimmte Ereignisse hervorgerufen werden und weshalb bestimmte Ereignisse nur eine leichte Gänsehaut auslösen, während andere Ereignisse ein massives Gefühl des Unwohlseins verursachen.

Wer die Angst also wieder „verlernen" möchte, muss lernen, somatische Marker zu erkennen, und vor allem auch verstehen, welch entscheidende Rolle diese spielen.

Die folgenden Seiten widmen sich den Grundlagen der Neuropsychologie und verschiedenen An-sätzen, um erlerntes Verhalten wieder verlernen zu können. Durch vertiefte Einblicke in die Entstehung somatischer Marker erfahren Sie, wie Sie bewusster mit Ihren Ängsten umgehen können.

Das Gedächtnis unseres Körpers

Unser Körper ist nicht nur eine physische Hülle, sondern auch ein Speicher emotionaler Erfahrungen. Alles, was wir in der Vergangenheit erlebt haben, hat uns und unseren Körper geprägt. Man könnte fast sagen: Wir sind die Summe all unserer Erlebnisse und Erfahrungen. Ein wichtiger Bestandteil des Gedächtnisses unseres Körpers sind die somatischen Marker.

Was genau sind somatische Marker?

Bei somatischen Markern handelt es sich um körperliche Reaktionen, die eng mit emotionalen Erfahrungen verbunden sind und damit auch als Wegweiser für zukünftige Entscheidungen dienen. Bei den Markern kann es sich zum Beispiel um körperliche Reaktionen wie Gänsehaut oder Herz-rasen handeln. Ihr Ursprung liegt in emotional aufgeladenen Ereignissen, die einen Marker in dem Gedächtnis unseres Körpers hinterlassen haben und so eine körperliche Reaktion hervorrufen.

Beispiel:

Ein Beispiel für einen somatischen Marker könnte ein erhöhter Herzschlag sein, der immer dann auftritt, wenn die Person in eine soziale Situation gerät, die bei ihr Angst auslöst. Konkret könnte dies beispielsweise das Halten einer Präsentation vor Publikum sein. Die Angst zeigt sich in dieser Situation jedes Mal als erhöhter Herzschlag, da der Körper diese körperliche Reaktion in dem Zusammenhang abgespeichert hat.

Die Entdeckung durch Antonio Damasio

Maßgeblich geprägt wurde der Begriff „somatische Marker“ durch den renommierten Neurowissenschaftler und Professor für Neurowissenschaften, Psychologie und Philosophie Antonio Damasio (* 1944). Der Wissenschaftler forschte in den 1990er Jahren intensiv an der Verbindung zwischen körperlichen Empfindungen, Emotionen und Entscheidungsfindung. Seine Arbeit zu somatischen Markern gilt bis heute als wegweisend.

Ein Blick hinter die Kulissen

Wie genau entstehen somatische Marker? Vorsicht – an dieser Stelle wird es kurz sehr theoretisch: Somatische Marker entstehen nämlich durch die Interaktion zwischen dem präfrontalen Cortex, der für höhere kognitive Funktionen verantwortlich ist, und der Amygdala, dem emotionalen Kern des Gehirns. Letztere ist für die emotionale Bewertung verschiedener Reize verantwortlich und sendet entsprechende Signale an den präfrontalen Cortex. Durch diesen Prozess werden schließlich die somatischen Marker in unserem Körpergedächtnis geprägt.

Die genaue Entstehung von somatischen Markern erfolgt in zwei Hauptphasen: zum einen ist da die ursprüngliche Erfahrung, zum anderen die nachfolgende Verknüpfung mit körperlichen Empfindungen. Unser Körper speichert während der Ursprungssituation nicht nur die äußeren Umstände ab, sondern auch unsere körperliche Reaktion (ausgelöst durch die Aktivierung der Amygdala). Dieses abgespeicherte Muster (also der Marker) dient von nun an als Grundlage für emotionale Reaktionen auf ähnliche, zukünftige Situationen.

Beispiel:
Eine Person hatte in ihrer Kindheit ein einprägsames Erlebnis mit einem Hund: Die Person möchte den Hund streicheln, dieser schnappt jedoch nach dieser. Die Person bekommt daraufhin Angst und läuft mit erhöhtem Puls vor dem Hund weg. Der Körper speichert dieses Symptom nun zusammen mit dem Erlebnis ab und verknüpft von nun an: Hund = erhöhter Herzschlag (Angstreaktion). Die Person reagiert von nun an immer mit dem entsprechenden körperlichen Symptom, sobald sie einem Hund begegnet – auch wenn von diesem gar keine echte Gefahr ausgeht.

Variabilität der somatischen Marker
Ein interessanter Fakt: Die Stärke und die Art der somatischen Marker können je nach individueller Empfindlichkeit und emotionaler Resonanz variieren. Was bei der einen Person eine intensive körperliche Reaktion hervorruft, löst bei der anderen Person lediglich eine leichte Gänsehaut aus. Dies macht einmal mehr deutlich, dass genetische Faktoren und die persönliche Geschichte einen großen Einfluss auf die Ausprägung somatischer Marker haben.

Die bewusste Wahrnehmung von somatischen Markern
Wer lernen möchte, seine emotionalen Reaktionen besser zu kontrollieren, sollte lernen, somatische Marker bewusst wahrzunehmen. Das heißt: Wir können einen direkten Einfluss auf unsere Entscheidungsprozesse nehmen, indem wir körperliche Empfindungen bewusst erkennen und interpretieren. Die bewusste Reflexion über somatische Marker macht es möglich, emotionale Muster nicht nur zu verstehen, sondern gezielt zu beeinflussen.

Die Anpassung von somatischen Markern

Bei der Anpassung von somatischen Markern handelt es sich um einen sehr dynamischen Prozess. Wir können durch bewusste Aufmerksamkeit und Wiederholung lernen, unsere emotionalen Reaktionen zu modifizieren. Dieser adaptive Ansatz macht es möglich, somatische Marker, die einst mit negativen Erfahrungen verbunden waren, völlig neu zu interpretieren und eine positive emotionale Verknüpfung herzustellen.

Somatische Marker stellen eine faszinierende Brücke zwischen emotionalen Erfahrungen und körperlichen Empfindungen dar. Doch wieso sind die Einblicke in dieses Konzept so wichtig? Ein tieferes Verständnis eröffnet nicht nur Einblicke in die Entstehung von Ängsten, sondern liefert auch Wege zur bewussten Kontrolle über emotionale Reaktionen, was gerade bei Angststörungen wichtig ist.

Wie entstehen Angstreaktionen und welche Auslöser gibt es?

Dass Ängste durchaus sinnvoll und wichtig für uns Menschen sind, wissen Sie bereits. Ängste sind tief in der Evolution verwurzelt und dienten einst als Überlebensmechanismus. In der heutigen modernen Welt sind Bedrohungen häufig jedoch eher abstrakter Natur. Dadurch kann die Entstehung von Ängsten zu einem sehr komplexen und manchmal auch belastenden Prozess werden. In diesem Kapitel geht es darum, die Entstehung von Angstreaktionen genauer zu verstehen, Auslöser zu erkennen und so Wege zur Überwindung dieser zu finden. Eine zentrale Rolle spielt hierbei die Zwei-Faktoren-Theorie von Mowrer.

Die Entstehung von Angstreaktionen

Die Zwei-Faktoren-Theorie der Angst

Die Zwei-Faktoren-Theorie von Mowrer haben Sie bereits kennengelernt. Sie ist zentral für das Verständnis der Entstehung von Angst. Mowrer, der damals mit seiner Theorie einen der bedeutendsten Beiträge zur Psychologie leistete, geht davon aus, dass Ängste zum einen durch klassische Konditionierung erworben und auf der anderen Seite durch operante Konditionierung auf-rechterhalten werden. Dieser Prozess sei laut Mowrer tief in der Funktionsweise des Gehirns verankert.

Klassische Konditionierung und angstauslösende Reize

Zur Erinnerung: Die klassische Konditionierung beschreibt einen Prozess, bei dem ein ursprünglich neutraler Reiz durch das gleichzeitige Auftreten eines negativen Ereignisses zu einem angstauslösenden Reiz wird. Das Tückische daran ist, dass dieser Prozess oft unterbewusst abläuft und den Betroffenen im Nachhinein gar nicht wirklich bewusst ist, woher ihre Ängste kommen. So kann beispielsweise die Angst vor einem Zahnarztbesuch – einem eigentlich neutralen Erlebnis – daher kommen, dass dieses neutrale Erlebnis an ein traumatisches bzw. negatives Erlebnis gekoppelt ist, weil der Besuch mit Schmerzen verbunden war. Unser Gehirn verknüpft diese beiden Elemente und sorgt so dafür, dass der einst neutrale Reiz zu einem angstauslösenden Reiz wird.

Operante Konditionierung und Vermeidungsverhalten

Aufrechterhalten wird die auf klassischer Konditionierung basierende Angst durch die operante Konditionierung. Natürlicherweise versuchen Betroffene, ihre Angst durch bestimmtes Verhalten zu reduzieren. Häufig wird hierbei auf Vermeidung zurückgegriffen – zum Beispiel wird der angstaus-lösende Zahnarztbesuch vermieden, um sich der Angst nicht stellen zu müssen. Leider verstärkt aber genau dieses Verhalten die Angst, da Betroffene so niemals die Erfahrung machen, dass die befürchteten Konsequenzen meist gar nicht eintreten.

Somatische Marker und die Rolle der Amygdala

Beim Erlernen von Angst spielen somatische Marker eine entscheidende Rolle. Ganz besonders die Amygdala, also das emotionale Zentrum des Gehirns, ist maßgeblich an diesem Prozess beteiligt. Ihr haben wir es zu verdanken, dass wir über ein Körpergedächtnis verfügen. Die Amygdala verknüpft so zum Beispiel negative Erfahrungen mit unangenehmen körperlichen Reaktionen. Diese körperlichen Reaktionen werden immer dann abgerufen, wenn wir entsprechende (ähnliche) Erfahrungen machen oder teilweise sogar auch nur daran denken. Besonders stark wird diese Reaktion übrigens durch Vermeidungsverhalten. Dieses nimmt nämlich die Möglichkeit, positive Erfahrungen zu machen und damit die negativen Assoziationen zu überwinden.

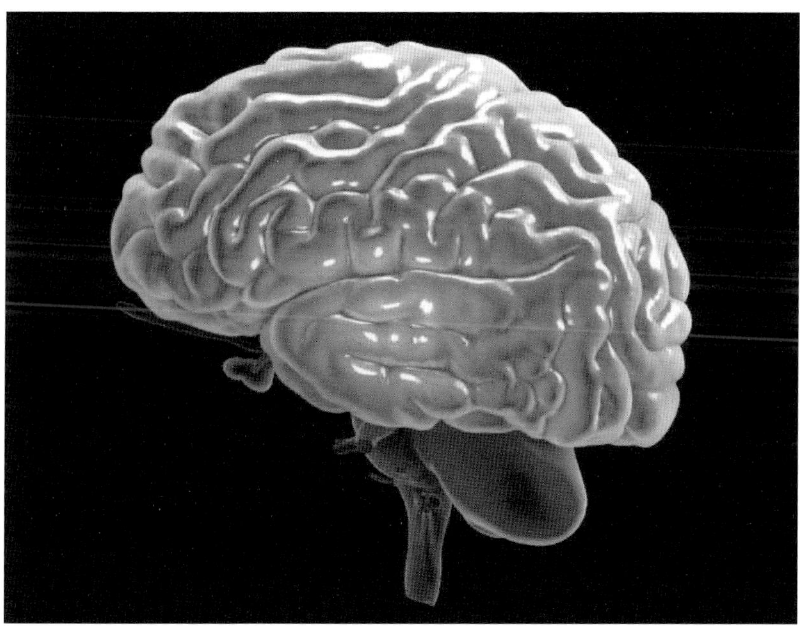

Durch das Vermeidungsverhalten wird die Angst leider zusätzlich verstärkt, da durch das Ausweichen vor der angstauslösenden Situation die negative Assoziation mit dieser intakt bleibt. Die Möglichkeit, stattdessen negative Erfahrungen zu sammeln, die die vorhandenen Ängste mindern könnten, ist damit ausgeschlossen. Dieses Verhalten führt leider zu einer Angstspirale, in der die Ängste immer präsenter und das Vermeidungsverhalten immer stärker werden.

Für die Verbindung zwischen Emotionen und körperlichen Reaktionen sind die somatischen Marker verantwortlich. Sie gelten als essentieller Bestandteil des Körpergedächtnisses. Um Ängste zu bekämpfen, ist es wichtig, auch hier anzusetzen. Dazu eignen sich spezielle Bewältigungs- oder Konfrontationsstrategien, die im Rahmen einer Therapie eingesetzt werden. Der Fokus liegt dabei da-rauf, positive Erfahrungen zu sammeln, um schließlich die negativen Assoziationen aufzubrechen und dadurch eine nachhaltige Veränderung herbeizuführen. Das Körpergedächtnis wird sozusagen „umprogrammiert“ und zu den eigenen Gunsten manipuliert.

Die Rolle der Selbstreflexion

Eine nicht zu unterschätzende Rolle bei der Überwindung von Ängsten spielt die Selbstreflexion. Individuelle Auslöser können nur dann identifiziert werden, wenn Denkmuster und Verhaltensweisen bewusst kritisch hinterfragt werden. Nur so können auch alternative Reaktionsmöglichkeiten – physisch und psychisch – entwickelt werden.

Die Auslöser von Angst

Angst kann durch eine Vielzahl von Faktoren ausgelöst werden. Häufig sind bestimmte Auslöser jedoch gar nicht so einfach auszumachen. Auch hierzu können wir das Beispiel des Zahnarztbesuches heranziehen. Eine Person, die panische Angst vor Zahnarztbesuchen hat, wird vermutlich denken, dass sich die Angst auf das gesamte Erlebnis bezieht. Dabei ist es viel wahrscheinlicher, dass sich die Angst ursprünglich nur auf einen kleinen Aspekt bezog und sich im Laufe der Zeit durch Vermeidungsverhalten ausgebreitet hat. Was konkret der Auslöser der Angst war, lässt sich nach Jahren nur noch schwer ausmachen. Das Einzige, was in solchen Situationen meistens hilft: Konfrontation und im Zuge dessen die Erfahrung, dass die Angst unbegründet ist.

Welche Auslöser es für Ängste geben kann, soll im Folgenden dargestellt werden. Die Auslöser sind individuell und vielschichtig – um Ängste besser verstehen zu können, ist es jedoch wichtig, einen Blick hinter die Komplexität von Angstauslösern zu werfen.

- **Konditionierung und Traumata**

Die wohl häufigsten Auslöser von Angst sind negative Erfahrungen oder Traumata aus der Vergangenheit. Konditionierungsprozesse, bei denen ein ursprünglich neutraler Reiz mit einem negativen oder gar traumatischen Ereignis verknüpft wird, können dazu führen, dass genau diese Situation in Zukunft Angst auslösen wird. Hierbei kann es sich um die verschiedensten Szenarien handeln – vom Autounfall bis hin zu einem negativen sozialen Erlebnis.

- **Biologische Faktoren**

Nicht zu unterschätzen ist auch der Einfluss von biologischen Faktoren auf die Entstehung von Ängsten. Wissenschaftler konnten herausfinden, dass unsere genetische Veranlagung tatsächlich die Neigung zu bestimmten Ängsten beeinflussen kann. So haben beispielsweise Studien gezeigt, dass Personen, deren Eltern oder Geschwister an einer generalisierten Angststörung leiden, ein erhöhtes Risiko haben, selbst an einer solchen zu erkranken. Diese Entdeckung legt nahe, dass genetische Faktoren bei der Entwicklung von Angststörungen eine Rolle spielen könnten. Auch Ungleichgewichte im Gehirn, wie zum Beispiel ein Ungleichgewicht der Neurotransmitter Serotonin und Dopamin, können Angstzustände verstärken.

- **Soziale Einflüsse**

Einen erheblichen Einfluss auf die Entstehung von Ängsten hat natürlich auch das soziale Umfeld. Durch gesellschaftliche Normen, sozialen Druck oder Erwartungen können Menschen Ängste vor Ablehnung, sozialer Ausgrenzung oder Versagen entwickeln.

- **Umweltfaktoren**

Auch die physische Umwelt, in der wir leben, kann ein Auslöser für Angst sein. Immer wieder führen erschütternde und traumatische Naturereignisse, wie zum Beispiel Erdbeben oder Hurrikans, zu traumatischen Erfahrungen. Häufig entwickeln Menschen auch durch die Berichterstattung in den Medien Angst davor. Aber auch andere Umweltreize, wie zum Beispiel Dunkelheit oder laute Geräusche, können vom Individuum als angstauslösend wahrgenommen werden.

- **Lebensveränderungen**

Egal, ob eine Trennung, ein Umzug oder der Verlust eines geliebten Menschen – Veränderungen im Leben stellen oftmals eine echte Herausforderung dar und führen nicht selten zur Entstehung von Ängsten. Vor allem die Unsicherheit und die Unvorhersehbarkeit dieser Ereignisse können bei Betroffenen Angst auslösen.

- **Unbekanntes und Unsicherheit**

Schon seit Anbeginn der Menschheit fürchten sich Menschen vor dem Unbekannten, da die Angst davor der Selbsterhaltung dient. Diese Angst ist tief in uns verwurzelt und nur schwer zu überwinden. Die Ungewissheit über das Bevorstehende kann bei Betroffenen eine allgemeine Unruhe und Nervosität auslösen – auch dann, wenn gar keine konkrete Bedrohung zu erkennen ist.

- **Kindheitserfahrungen**

Die Ursache von Ängsten liegt oft in der Kindheit. Gerade in dieser Zeit macht der Mensch viele prägende Erfahrungen, die Auswirkungen auf das gesamte Leben haben. Besonders Missbrauch, Vernachlässigung oder andere traumatische Erlebnisse in der Kindheit können zu tief verwurzelten Ängsten führen, die einen auch noch im Erwachsenenalter begleiten.

- **Medizinische Ursachen**

Auch bestimmte medizinische Ursachen, wie zum Beispiel Herz-Kreislauf-Erkrankungen, Atem-probleme oder hormonelle Veränderungen, können körperliche Symptome auslösen, die von den betroffenen Personen als Angst interpretiert werden. Eine Überfunktion der Schilddrüse kann beispielsweise schwerwiegende körperliche Symptome mit sich bringen und auch auf psychischer Ebene Folgen haben: Sie führt zu Nervosität, innerer Unruhe und einer leichteren Reizbarkeit. Häufig fühlen sich Betroffene nicht nur unruhig und nervös, sondern auch übermäßig ängstlich. Diese Fehlinterpretation kann wiederum zu einer Wechselwirkung zwischen physischen Beschwerden und psychischer Angst führen.

Wie Sie sehen, kann Angst zahlreiche Auslöser haben. Letztendlich ist und bleibt Angst eine sehr spezielle Erfahrung. Jeder Mensch reagiert auf Reize anders und individuell. Zudem werden manche Faktoren nur in Kombination mit anderen Faktoren zu Angstauslösern. Für die Überwindung von Ängsten ist es wichtig, dass Sie ein besseres Verständnis für Ihre persönlichen Auslöser von Angst entwickeln.

Angst ist kein Schicksal!

Nachdem Sie nun zahlreiche Informationen über die Entstehung von Angst und typische Angstaus-löser erhalten haben, kommt nun eine gute Nachricht für Sie: Die Erkenntnis, dass Ängste erlernbar sind, bedeutet im Umkehrschluss nämlich auch, dass wir sie wieder VERlernen können! Das heißt im Klartext: Angst ist kein Schicksal! Ängste können gut behandelt und wieder verlernt werden.

Der Schlüssel hierzu ist an erster Stelle genau diese Erkenntnis. Viele Menschen gehen nämlich irrtümlicherweise davon aus, dass sie gegen ihre Ängste nichts tun können. Sie geben sich kampf-los geschlagen und werden so ihr komplettes Leben unter Ängsten leiden. Wer jedoch weiß, wie Ängste überhaupt entstehen und dass Ängste er- und verlernbar sind, kann aktiv gegen die eigenen Ängste vorgehen und diese schließlich auch in den Griff bekommen. Negative Erfahrungen, die unsere Ängste geprägt haben, können aktiv durch positive Erfahrungen ersetzt werden. Die Schaffung von positiven Sinneswahrnehmungen ist also ein wichtiger Schritt auf dem Weg zur Überwindung von Ängsten. Häufig geht dies mit einer gezielten, aber überlegten Konfrontation einher. Hierbei geht es jedoch nicht darum, sich unüberlegt in angstauslösende Situationen zu stürzen. Eine Konfrontation mit der eigenen Angst muss immer wohl überlegt sein und am besten in Absprache mit einem Therapeuten erfolgen. Eine erfolgreiche Konfrontation erfordert also viel Geduld, Selbstreflexion und häufig eben auch professionelle Unterstützung.

Eine zentrale Rolle spielen hierbei auch Ihre eigenen Gedanken: Sind Sie davon überzeugt, dass Sie Ihre Ängste in den Griff bekommen? Oder haben Sie Zweifel? Glauben Sie an sich selbst und Ihre Selbstwirksamkeit. Sie sind der Herr über Ihre eigenen Gedanken und können diese bewusst kontrollieren und zu Ihren Gunsten neu ausrichten. Zugegeben: Es ist kein leichter Weg. Er erfordert viel Geduld und Ausdauer. Möglicherweise werden Sie auch einige Rückschläge erleben. Das Wichtigste ist dann jedoch: Bleiben Sie am Ball, denn es wird sich lohnen! Nutzen Sie positive Affirmationen für sich und Strukturieren Sie so Ihre Gedanken kognitiv um. Machen Sie sich immer wieder klar: Sie sind KEIN Opfer Ihrer Angst! Sie sind der aktive Gestalter Ihres Lebens! Scheuen Sie sich auch nicht davor, professionelle Hilfe zu suchen und anzunehmen. Hilfsangebote sind da, um auch genutzt zu werden. Wer sich Hilfe holt, ist nicht schwach, sondern stark und mutig! Therapeutische Begleitung kann dabei helfen, tiefliegende Ursachen zu identifizieren, Bewältigungsstrategien zu entwickeln und schließlich Ängste zu überwinden.

Auch der Austausch mit anderen Betroffenen, die die Herausforderungen im Kampf gegen Angst-störungen kennen, kann sehr hilfreich und bestärkend sein. In Gemeinschaft erfahren Sie Verständnis, Empathie und sogar gemeinsames Wachstum. Sie müssen den Weg raus aus der Panik-störung also keinesfalls alleine gehen. Suchen Sie sich Wegbegleiter, die mit Ihnen den steinigen Weg der Reise machen. Beginnen Sie also, die Angst nicht als Schicksal zu sehen, sondern als eine Herausforderung, gegen die Sie aktiv vorgehen können! Durch eine bewusste Auseinandersetzung mit den Auslösern, die überlegte und kontrollierte Konfrontation, den Einfluss positiver Gedanken, dem richtigen Knowhow und dem positiven Einfluss aus Ihrem Umfeld wird sich für Sie bald ein Weg aus der Dunkelheit auftun. Jeder einzelne Schritt, egal, wie klein er auch sein mag, ist ein Schritt in die richtige Richtung. Und auch, wenn der Weg steinig ist – er ist machbar, vor allem dann, wenn Sie Ihr Ziel nicht aus den Augen verlieren, das am Ende des Weges auf Sie wartet: Freiheit!

Hilfe zur Selbsthilfe I: Der Angst den Kampf ansagen

Nachdem Sie nun einen ausführlichen Einblick in die Welt der Ängste erhalten haben und mit allen wichtigen Informationen rund um Panikstörungen und deren Ursachen versorgt sind, heißt es: Selbst aktiv werden und der Angst den Kampf ansagen! In diesem Kapitel erfahren Sie Schritt für Schritt und mit Hilfe von anschaulichen Übungen, was Sie selbst gegen Ihre Angststörung oder Panikattacken tun können. Kurz um: Sie erhalten Hilfe zur Selbsthilfe.

Meine Angst einordnen lernen

Es klingt etwas merkwürdig, ist aber enorm wichtig: Lernen Sie Ihre Angst richtig kennen. Wahrscheinlich fragen Sie sich an dieser Stelle: Wofür sollte das gut sein? Ich kenne meine Angst – sie ist schließlich mein täglicher Begleiter!

Um jedoch wirksame Strategien gegen die eigene Angst zu finden, ist es wichtig, dass Sie Ihre Angst noch besser kennenlernen und in der Lage sind, diese mit Hilfe bestimmter Übungen einzuordnen. In diesem Kapitel erhalten Sie wertvolle Tipps und praktische Übungen zur Einordnung Ihrer Angst, was ein ausgesprochen wichtiges Werkzeug zur Selbsthilfe darstellt.

Die Eigenheiten meiner Angst

Der erste Schritt zur Einordnung der eigenen Angst ist die Reflexion über deren Eigenheiten.

1. Was genau zeichnet Ihre Angst aus?
2. Wie äußert sie sich – sowohl auf körperlicher als auch auf emotionaler Ebene?
3. Wie fühlen Sie sich dabei?

Stellen Sie sich diese Fragen ganz bewusst und versuchen Sie, Ihre Angst besser kennen zu lernen und genau zu beschreiben. Diese Perspektive auf die eigene Angst macht es möglich, spezifische Merkmale auszumachen und so die Einflüsse auf das tägliche Leben besser zu verstehen.

Übung: Das Angsttagebuch
Führen Sie hierzu ein Angsttagebuch. Das heißt: Machen Sie sich regelmäßig Notizen über die Situationen, in denen Ängste auftreten. Beschreiben Sie diese Situationen so genau wie möglich. Auch Ihren eigenen Gefühlszustand sollten Sie so detailliert wie möglich wiedergeben. Schreiben Sie auf, was Sie in diesem Moment denken und fühlen. Keine Sorge - diese Aufzeichnungen müssen Sie niemandem zeigen, falls Ihnen das unangenehm ist. Wichtig ist, dass Sie schonungslos ehrlich zu sich selbst sind, um die Hintergründe Ihrer Angst tatsächlich zu erkennen. Das Tagebuch dient als wichtige Grundlage für die spätere Reflexion und macht es schließlich möglich, Muster zu erkennen.

Der Einfluss der Angst auf das eigene Verhalten

- Wie wird Ihr eigenes Verhalten von Ihrer Angst beeinflusst?
- Gibt es Situationen, in denen Sie sich durch Ihre Angst zurückziehen?
- Oder vermeiden Sie bestimmte Situationen sogar?

Diese Fragen sollten Sie sich ganz bewusst stellen, um herauszufinden, welche konkreten Auswirkungen die Angst in Ihrem Leben hat. Auch, wenn die Erkenntnisse zum Teil sehr erschreckend sind, ist es sehr wichtig, dass Sie erkennen, welche Tragweite Ihre Ängste haben und wie diese sich auf Ihren Alltag, zwischenmenschliche Beziehungen oder persönliche Ziele auswirken.

Übung: Das Verhaltensmuster
Skizzieren Sie Ihr Verhalten in verschiedenen Situationen, in denen Angst auftritt. Wie verhalten Sie sich im Vergleich zu Situationen, in denen Sie keine Angst verspüren? Versuchen Sie, Ihr Verhalten in so vielen verschiedenen Momenten wie möglich aufzuzeichnen. Wenn Sie genug Notizen gesammelt haben, ist es wichtig, zu analysieren, welche Gemeinsamkeiten und Muster Sie entdecken. Nehmen Sie hierzu einen bunten Stift und visualisieren Sie auffällige Reaktionen und auftretende Muster.

Die umgedrehte Reflexion

Nun drehen wir den Spieß einmal um: Jetzt sollen Sie analysieren, wie Sie sich verhalten, wenn Sie KEINE Angst haben. Die sogenannte „umgedrehte" Reflexion ist ebenso wichtig wie die Reflexion über die Ängste. Überlegen Sie: In welchen Situationen haben Sie keine Angst? Was unterscheidet genau diese Momente von Situationen, in denen Sie Angst verspüren? Welche Faktoren sind anders? Dieser Perspektivwechsel ist enorm wichtig, da er Betroffenen zeigt, dass die Angst eben NICHT allgegenwärtig ist – auch wenn es sich manchmal so anfühlen mag.

Übung: Die Ausnahmesituation

Halten Sie auch diese angstfreien Situationen detailliert in Ihrem Tagebuch fest und beschreiben Sie die entsprechenden Momente ausführlich. Stellen Sie sie ganz bewusst Situationen gegenüber, in denen Sie Angst verspürt haben. Dies funktioniert besonders gut mit Hilfe einer Tabelle. Überlegen Sie nun, was diese Situationen gemeinsam haben und – noch viel wichtiger – was sie voneinander unterscheidet. Mit Hilfe dieser Übung werden Sie Ressourcen und Stärken erkennen, die in angstfreien Momenten besonders aktiv sind.

Beschreiben Sie Ihre Angst!

Um Ängste richtig einordnen zu können, ist es wichtig, eine beschreibende Ebene zu erreichen. Doch was genau bedeutet das? Im Grunde geht es darum, die Angst nicht länger als ein abstraktes Gefühl zu betrachten, sondern sie in konkrete Worte zu fassen. Dies macht die Angst greifbarer. Überlegen Sie also: Wie würden Sie Ihre Angst einer außenstehenden Person beschreiben? Welche Begriffe würden Sie wählen? Welche Farben, Formen oder Umschreibungen wären passend?

Übung: Die Metapher

Versuchen Sie, Ihre Angst einmal ganz metaphorisch zu beschreiben. Stellen Sie sich hierzu vor, Sie könnten Ihre Angst sehen. Stellen Sie sich vor Ihrem geistigen Auge vor, Ihre Angst hätte eine Farbe, eine Form oder einen Klang. Wie würde sie wohl klingen? Aussehen? Riechen? Schmecken? Lassen Sie Ihrer Kreativität freien Lauf und notieren Sie Ihre Gedanken möglichst genau, um später darüber reflektieren zu können.

Im Folgenden finden Sie eine genaue „Anleitung“, die die oben erläuterten Übungen schrittweise zusammenfasst und Ihnen somit einen sinnvollen Rahmen zur Einordnung der eigenen Angst bietet. Diese Schritte können Sie also anwenden, um Ihre Angst einzuordnen und besser zu verstehen:

- Identifizieren Sie die Angstsituationen und nutzen Sie ein Angsttagebuch, um überhaupt herauszufinden, in welchen Situationen Angst bei Ihnen präsent ist.
- Skizzieren Sie außerdem Ihre eigenen Verhaltensmuster in diesen Situationen und markieren Sie typische Reaktionen. Versuchen Sie, Muster und Mechanismen zu erkennen, die typischerweise in Angstsituationen auftreten.
- Analysieren Sie auch Situationen, in denen Sie wenig oder keine Angst verspüren, und identifizieren Sie so Ressourcen und Strategien, die in solchen Situationen wirksam sind.

- Verwenden Sie metaphorische Beschreibungen, um Ihre Angst sicht- und greifbar zu machen. Dadurch gewinnen Sie Abstand zu Ihrer Angst und nehmen eine ungewohnte Perspektive ein.
- Ausgehend von dieser Analyse kann es weiter zur Entwicklung von Bewältigungsstrategien gehen.

Die Einordnung und die Dokumentation der eigenen Angst sind essentielle Schritte auf dem Weg zur Überwindung dieser. Nur durch eine kritische und ehrliche Reflexion der eigenen Angst können individuelle Bewältigungsstrategien gefunden werden.

Ist-Stand-Analyse

Um den gegenwärtigen Zustand der eigenen Angst so gut wie möglich zu erfassen, ist eine sogenannte „Ist-Stand-Analyse" sinnvoll. Sie ist ein entscheidender Schritt auf dem Weg zu Veränderung und wird Ihnen dabei helfen, Ihre Angst noch besser zu verstehen. Die Ist-Stand-Analyse ermöglicht eine objektive Betrachtung des eigenen Zustands, ohne dabei das Ziel der Angstüberwindung aus den Augen zu verlieren. Um geeignete Bewältigungsstrategien zu finden, wird im Rahmen der Ist-Stand-Analyse eine ehrliche Bewertung der eigenen Stärken, Schwächen, Herausforderungen und allgemein Ressourcen vorgenommen.

Anleitung zur Ist-Stand-Analyse

Im Folgenden finden Sie eine strukturierte Anleitung zur Analyse der Ist-Situation. Diese greift auch Aspekte aus dem vorhergegangenen Kapitel auf, um die Angst systematisch erfassen zu können und möglichst viele Aspekte dieser abzubilden.

Strukturierte Analyse des Ist-Zustandes

Identifikation angstbesetzter Situationen

1) Skizzieren Sie Situationen, in denen Angst auftritt.

2) Beschreiben Sie ganz genau, wodurch die Angst ausgelöst wurde, und sämtliche Kontexte dieser Situation.

Verhaltensmuster und Reaktionen

3) Beschreiben Sie Ihr Verhalten in dieser Situation möglichst detailliert und genau.

4) Achten Sie ganz bewusst auf abweichendes Verhalten und beobachten Sie sich auch in (positiven) Ausnahmesituationen.

Körperliche und emotionale Reaktionen

5) Schreiben Sie Ihre körperlichen Symptome, die mit Angst einhergehen, auf.

6) Schreiben Sie Ihre Gedanken und Emotionen während der Angstsituation auf.

7) Erläutern Sie, welche Facetten Ihrer Angst Sie am meisten belasten.

Metaphorische Beschreibung

8) Nutzen Sie auch jetzt wieder die metaphorische Beschreibung Ihrer Angst, um eine neue Perspektive einzunehmen. Beschreiben Sie, wie sich Ihre Angst anfühlt, wie sie aussieht, schmeckt, riecht oder wie sie sich anhört.

Stärken und Schwächen

9) Beobachten Sie sich selbst während der Angstsituation und Ihren aktuellen Umgang mit Ängsten. Identifizieren Sie dabei Ihre persönlichen Stärken und Schwächen.

10) Formulieren Sie für sich selbst Ziele und Herausforderungen, die im Umgang mit Ihrer Angst Ihrer Meinung nach noch auf Sie warten.

Bewältigungsstrategien

11) Beschreiben Sie auch Ihre bisherigen Bewältigungsstrategien.

12) Welche der angewandten Strategien haben sich als effektiv erwiesen und welche eher nicht?

Die Analyse des Ist-Zustandes erfordert viel Zeit und möglicherweise auch Energie. Dieser Schritt ist auf dem Weg zur Überwindung der Angst jedoch unsagbar wichtig. Wie Sie wissen, ist jede Panikattacke und jede Angst individuell. Um eine optimale Selbsthilfe zu gewährleisten, die an die individuellen Bedürfnisse angepasst ist, müssen Sie also zuerst Ihre eigene Angst genauestens kennen-lernen und verstehen, was Sie ausmacht. Dies stellt die Grundlage für alle weiteren Schritte zur Selbsthilfe dar. Auch im Rahmen einer Therapie ist es von Vorteil, wenn Sie Ihre Angst vorab schon eingehend beobachtet haben und Sie Ihrem Therapeuten Ihr Verhalten ausführlich schildern können.

Interpretation der Ergebnisse

Sobald Sie Ihren Ist-Zustand nach dem oben aufgezeigten Muster gewissenhaft notiert und analysiert haben, geht es an die Interpretation der Ergebnisse. An erster Stelle steht hierbei das Erkennen von Mustern und Zusammenhängen. Arbeiten Sie hierfür gerne mit bunten Stiften, die Ihnen bei der Visualisierung helfen. Betrachten Sie Ihre Aufzeichnungen und überlegen Sie, ob Sie Zusammen-hänge erkennen können. Tritt die Angst meistens in speziellen Umgebungen oder an bestimmten Orten auf? Vielleicht tritt Sie auch immer zur selben Uhrzeit auf? Oder nur dann, wenn Sie schlecht geschlafen haben? Auch umgekehrt gilt dasselbe: Versuchen Sie, herauszufinden, in welchen Situationen KEINE Angst auftritt. Fühlen Sie sich besonders wohl, wenn Sie Zeit mit einer bestimmten Person verbringen? Oder an einem bestimmten Ort?

Halten Sie Ihre Ergebnisse fest. Falls Sie keinen roten Faden erkennen können, sollten Sie Ihre Angstzustände noch etwas länger beobachten und dokumentieren. Meistens ergibt sich nach einer gewissen Zeit ein Muster.

Selbsteinschätzung

Nach der Interpretation Ihres Ist-Zustandes geht es darum, Ihr eigenes Verhalten genauer zu analysieren. Sprich: Sie sollen eine realistische Selbsteinschätzung vornehmen.

- Was versuchen Sie aktuell, gegen Ihre Ängste zu tun?
- Haben Sie vielleicht bereits eigene Strategien entwickelt?
- Haben sich einige dieser Strategien bewährt?
- Vielleicht sind es auch nur einzelne Gedanken, die Ihnen weiterhelfen?

All diese Aspekte, die Sie gegen Ihre Angst erfolgreich anwenden, können Sie unter „Stärken" notieren. An diesen Stärken können Sie nämlich später anknüpfen und Sie zu wirksamen Bewältigungsstrategien ausbauen, um Veränderungen zu bewirken. Strategien, die sich bei Ihnen nicht bewährt haben, können Sie ebenfalls unter dem Punkt „Schwächen" notieren. Unter diesen Punkt können Sie auch schreiben, was Ihnen im Umgang mit Ihrer Angst besonders schwerfällt. Neben dem Aufschreiben Ihrer Stärken ist das Dokumentieren der eigenen Schwächen mindestens genauso wichtig, denn vor allem die Schwächen zeigen auf, worauf der Fokus der Therapie bzw. Behandlung liegen sollte.

Wichtig zu wissen:
Eine Ist-Stand-Analyse ist nicht in Stein gemeißelt. Ihr Ist-Zustand wird sich auf Ihrem Weg zur Überwindung Ihrer Angst permanent verändern. Aus diesem Grund wird es immer wieder in regelmäßigen Abständen notwendig sein, neue Ist-Stand-Analysen durchzuführen. Wichtig ist in diesem Zusammenhang vor allem auch die Dokumentation des persönlichen Fortschritts. Vergleichen Sie daher Ihre aktuelle Ist-Stand-Analyse mit den vorhergegangenen und beschreiben Sie Ihre Fortschritte. Dadurch gewinnen Sie nicht nur wichtige Erkenntnisse über die Wirksamkeit von Bewältigungsstrategien, sondern es fördert auch Ihr Selbstwertgefühl, Ihre Selbstwirksamkeit sowie Ihre Motivation.

Eigene somatische Marker kennenlernen

Wie Sie bereits in einem der vorhergegangenen Kapitel erfahren haben, spielen somatische Marker als körperliche Manifestation unserer Emotionen eine zentrale Rolle im Umgang mit unserer Angst. Sie sind nicht nur wichtig für die Bewältigung von Ängsten, sondern vor allem auch zentral für das Verständnis dieser. Nun geht es darum, die eigenen somatischen Marker zu erkunden und bewusst wahrzunehmen. Dadurch werden Sie eine tiefere Verbindung zu Ihren körperlichen Empfindungen herstellen und dazu in der Lage sein, diese von angstbesetzten Gedanken zu entkoppeln.

Ein kurzer Rückblick:
Bei somatischen Markern handelt es sich um körperliche Reaktionen, die in Verbindung mit bestimmten Emotionen stehen. Sie dienen unserem Körper als eine Art Warnsystem und beeinflussen dahingehend sowohl unser Verhalten als auch die Wahrnehmung der entsprechenden Situationen. Meist äußern sich somatische Marker auf körperlicher Ebene im Sinne von körperlichen Symptomen, wie zum Beispiel einem schnelleren Herzschlag, einem flauen Gefühl im Magen oder starkem Schwitzen.

Die bewusste Wahrnehmung

Der erste Schritt, um angstauslösende Gedanken von körperlichen Empfindungen zu entkoppeln, ist die bewusste Wahrnehmung eigener somatischer Marker. Häufig spielen diese sich nämlich e-her unterbewusst ab, so dass sie nahezu untrennbar mit unseren Ängsten verschmelzen. Dabei lassen sich die körperlichen Marker sehr wohl von angstauslösenden Gedanken trennen. Möglich wird dies durch die bewusste Wahrnehmung und Beobachtung der Marker. Doch wie kann dies am besten gelingen? Darum geht es im Folgenden.

Reise zu den eigenen somatischen Markern

Im nächsten Schritt soll es darum gehen, die eigenen somatischen Marker zu identifizieren. Auch hierbei handelt es sich um einen sehr individuellen Aspekt. Bedenken Sie stets, dass sich somatische Marker bei jedem Menschen anders äußern und dies vor allem von den Erfahrungen abhängig ist, die einen im Leben geprägt haben.

Die Reise zu den eigenen somatischen Markern erfordert ein hohes Maß an Achtsamkeit und Offenheit gegenüber den eigenen körperlichen Empfindungen. Mit den folgenden Tipps können aber auch Sie diese Reise problemlos meistern. Wichtig ist, dass Sie die folgende Übung in einer ruhigen Umgebung durchführen. Sie sollen Ihren vollen Fokus auf Ihren eigenen Körper legen und nicht von äußeren Faktoren abgelenkt werden. Bedenken Sie außerdem, dass diese Übung etwas Zeit beansprucht. Nehmen Sie sich die Zeit also bewusst, ohne dass Stress entsteht. Eine positive und entspannte Atmosphäre ist enorm wichtig. Hierzu können Sie beispielsweise wohlduftende Kerzen an-zünden, Duftlampen oder -stäbchen mit ätherischen Ölen aufstellen oder leise, beruhigende Musik anmachen. Sie bestimmen, was Ihnen guttut und Sie persönlich zur Ruhe bringt! Falls es Ihnen schwerfällt, zur Ruhe zu kommen, empfiehlt es sich, vor Durchführung der Übung ein entspannen-des Ritual zu etablieren, zum Beispiel das Trinken eines wohlschmeckenden Tees oder ein entspannendes Bad.

Übung: Körperreise
Vorbereitung:
Suchen Sie sich einen ruhigen Ort, an dem Sie für den Zeitraum der Übung entspannt verweilen können. Setzen oder legen Sie sich bequem hin und schenken Sie Ihre gesamte Aufmerksamkeit Ihrem Körper. Schließen Sie hierzu Ihre Augen und fühlen Sie in sich hinein. Atmen Sie tief ein und aus und nehmen Sie dabei bewusst wahr, wie sich Ihr Körper anfühlt.

Durchführung:
Atemfokus
• Konzentrieren Sie sich bewusst auf Ihren Atem und atmen Sie tief ein und aus. Nehmen Sie bewusst wahr, wie sich dabei Ihre Brust hebt und senkt. Mit jedem Atemzug kommen Sie mehr zur Ruhe.

• Achten Sie darauf, dass Sie durch die Nase ein- und durch den Mund ausatmen. Verweilen Sie nun einen Moment in dieser Ruhe und Achtsamkeit. Wenn Gedanken kommen, ist das völlig in Ordnung, richten Sie Ihren Fokus einfach erneut auf Ihre Atmung.
Körperliche Empfindungen erkunden
• Nehmen Sie Ihre körperlichen Empfindungen bewusst wahr. Legen Sie Ihre Aufmerksamkeit dabei auf verschiedene Bereiche Ihres Körpers: Ihre Füße, Ihren Kopf, Ihre Finger ... Spüren Sie tief in sich und Ihre Empfindungen hinein. Wie fühlen sich die verschiedenen Bereiche Ihres Körpers an? Leicht oder schwer? Warm oder kalt? Können Sie in bestimmten Körperregionen vielleicht sogar ein kleines Kribbeln spüren, sobald Sie sich geistig darauf fokussieren? Beziehen Sie auch Ihre Umgebung in die Wahrnehmung ein: Wie fühlt sich die Unterlage an, auf der Sie sitzen? Welche Körperteile kommen damit in Berührung? Fühlt sich der Kontakt mit Ihrer Haut warm, kalt, hart oder weich an? Ist etwas dabei unangenehm? Haben Sie vielleicht sogar in bestimmten Regionen Schmerzen? Nehmen Sie sich ausreichend Zeit, um Ihren Körper und die damit ein-hergehenden Empfindungen ausgiebig wahrzunehmen.

• Nehmen Sie diese Empfindungen ohne Wertung wahr. Seien Sie achtsam und lassen Sie alle Gefühle zu.

Körperreise
• Nun kommt der wirklich herausfordernde Part der Übung: Versetzen Sie sich vorsichtig in Ihre letzte Angstsituation zurück. Behalten Sie jedoch immer im Hinterkopf, dass Sie jederzeit von dieser Übung aussteigen können und Sie sich in einer sicheren Umgebung befinden.

• Spüren Sie in sich hinein, während Sie sich gedanklich auf Reisen begeben. Welche körperlichen Empfindungen spüren Sie? Welche haben Sie in der damaligen Situation, an die Sie gedanklich zurückreisen, verspürt?

• Sobald die Empfindungen zu unangenehm werden, atmen Sie tief durch und kommen zurück in das Hier und Jetzt. Fokussieren Sie sich auf Ihren Atem. Wiederholen Sie den folgenden Satz laut: „Ich bin an einem sicheren Ort. Mir geht es gut. Nichts kann mir passieren."

Zurückkommen

• Verweilen Sie so lange in Ihren Empfindungen, wie es sich für Sie richtig anfühlt. Akzeptieren Sie Ihre Gefühle und körperlichen Symptome, ohne diese zu bewerten.

• Nun ist es an der Zeit, die Übung langsam zu beenden. Hierzu legen Sie den vollen Fokus auf Ihre Atmung. Spüren Sie, wie sich Ihr Körper wieder beruhigt. Falls unangenehme oder angsterfüllte Gedanken auftauchen, lassen Sie diese wie Wolken an Ihnen vorbeiziehen und lenken Ihre Aufmerksamkeit bewusst auf die Atmung zurück.

Reflexion der Übung

Mindestens genauso wichtig wie die Übung selbst ist die Reflexion dieser. Nehmen Sie sich ausreichend Zeit, um die Gefühle, die Sie während der Körperreise erlebt haben, zu reflektieren.

• Welche Empfindungen sind in Ihnen hochgekommen, als Sie sich gedanklich in eine angst-erfüllte Situation begeben haben?

• Wie hat Ihr Körper darauf reagiert?

• Bei den körperlichen Reaktionen handelt es sich um Ihre persönlichen somatischen Marker. Welche Marker waren besonders präsent?

Gerne können Sie Ihre Gedanken hierzu auch aufschreiben. Scheuen Sie sich nicht davor, Ihre somatischen Marker zu benennen und zu verschriftlichen. Warum ist gerade das Verschriftlichen so wichtig?

Das Aufschreiben somatischer Marker kann dabei helfen, diese besser reflektieren und schließlich aufarbeiten zu können. Außerdem trägt das Verschriftlichen allgemein dazu bei, geordnete Bahnen im Gehirn zu schaffen. Durch das bewusste schriftliche Festhalten körperlicher Empfindungen können mögliche Zusammenhänge zwischen Reaktionen und Auslösern noch klarer erkannt wer-den, was schließlich zu einem besseren Verständnis der eigenen körperlichen Reaktionen führt.

Im nächsten Schritt werden wir nun versuchen, Ihre somatischen Marker erneut bewusst herbeizuführen – jedoch in einer völlig neutralen Situation, so dass Sie eine neue kognitive Verknüpfung schaffen und Ihr Körper mit den physischen Reaktionen der somatischen Marker nicht mehr automatisch Angst verbindet.

Übung: Entkopplung durch neue Verknüpfungen

Auswahl einer neutralen Situation

- Wählen Sie eine neutrale oder sogar für Sie positive Situation – zum Beispiel mit einem Kaffee und einem guten Buch in der Sonne auf dem Balkon sitzend – aus, in der Sie Ihre somatischen Marker bewusst erleben möchten.
- Begeben Sie sich in diese sichere Situation.

Bewusstes Hervorrufen der Marker

- Nehmen Sie nun gerne Ihre Notizen zur Hand oder rufen Sie die zuvor identifizierten Marker aus Ihrem Gedächtnis ab.
- Versuchen Sie nun, mit Hilfe von Atmung und Körperwahrnehmung diese körperlichen Symptome nachzuspüren und herbeizurufen. Aktivieren Sie Ihre somatischen Marker.
- Wichtig: Bleiben Sie in dieser Situation weiter positiv bzw. neutral.

Entkopplung durch bewusste Akzeptanz

- Beobachten Sie die somatischen Marker in der positiven bzw. neutralen Situation, ohne diese mit Angst zu verbinden.
- Akzeptieren Sie die körperlichen Symptome als ein völlig neutrales Signal Ihres Körpers, das nicht zwangsläufig mit Angst in Verbindung steht.

Die bewusste Identifikation sowie die Entkopplung eigener somatischer Marker ist kein Kinderspiel und ein fortlaufender Prozess. Seien Sie also nicht enttäuscht, wenn die beiden Übungen nicht auf Anhieb funktionieren. Der Schlüssel zum Erfolg heißt in diesem Zusammenhang: Dranbleiben und nicht aufgeben!

Übrigens:

Die beiden Übungen lassen sich auch umgekehrt anwenden. Genauso wie es „negative" somatische Marker gibt, gibt es nämlich auch positive Marker. Diese werden in positiven Situationen aktiviert. Auch sie äußern sich durch körperliche Symptome – allerdings werden diese von uns als angenehm empfunden. Versuchen Sie, auch diese positiven Marker zu identifizieren und die körperlichen Symptome bewusst wahrzunehmen. Diese positiven Gefühle können Sie regelmäßig in Ihren Alltag integrieren. Immer dann, wenn Sie vor einer herausfordernden Situation stehen, können Sie mit Hilfe von bewusster Atem- und Körperwahrnehmung die positiven Marker hervorrufen und diese so zu einem Werkzeug für Sie machen.

Vergessen Sie in diesem Zusammenhang auch die wichtige Rolle der Selbstreflexion nicht: Die regelmäßige – auch kritische – Auseinandersetzung mit den eigenen somatischen Markern fördert zum einen das Verständnis für die eigenen körperlichen Empfindungen, zum anderen stärkt sie auch ihre Selbstkontrolle und Resilienz gegenüber Ängsten.

Skalierung der Angst

Ein weiteres wichtiges Instrument im Rahmen der Selbstreflexion ist die Skalierung der eigenen Angst. Diese dient dazu, die Intensität und Ausprägung der eigenen Angstzustände zu erfassen und zu bewerten. In diesem Kapitel erfahren Sie alles Wissenswerte rund um die Anwendung einer Skalierung zur Selbstreflexion und Orientierung im Umgang mit Angst.

Die Bedeutung der Skala

Was genau ist eine Skala eigentlich? Und wofür wird sie eingesetzt? Bei der Skalierung von Angst geht es darum, die subjektive Intensität der wahrgenommenen Angst in Zahlen auszudrücken. In diesem Fall wird eine Skala von 1 bis 10 verwendet. Die Zahlen repräsentieren jeweils eine individuelle Einschätzung der Stärke der Angst. Dabei dienen sie als Orientierungshilfe und Reflexions-möglichkeit im Umgang mit Ängsten. Sie schaffen durch die Verwendung einer Skala eine klare Struktur, die es schließlich auch leichter macht, Veränderungen im Laufe der Zeit wahrzunehmen und zu beobachten.

Die Skalierung in der Praxis

Um eine Angst-Skala in der Praxis anzuwenden, ist es enorm wichtig, vorab zu definieren, welche Zahl welche Stufe der Angst repräsentiert. Im Folgenden wurde die 10-stufige Angst-Skala in einzelne Stufen unterteilt. Natürlich ist es auch möglich, die Skala nach Ihren persönlichen Vorstellungen und Bedürfnissen umzugestalten und anzupassen. Anbei finden Sie einen Leitfaden, der Ihnen eine Orientierung bietet:

Stufe 1–3: Geringe Angst

- Bei einer Einordnung der Angst von 1 bis 3 auf der Skala handelt es sich um eine Angst, die als minimal empfunden wird. Die Angst ist zwar vorhanden, jedoch nur in einer geringen Ausprägung.
- Betroffene empfinden nur geringe körperliche Symptome oder Gedanken, die Sie mit Angst in Verbindung setzen.
- Ein wichtiger Punkt: Die allgemeine Funktionsfähigkeit sowie das körperliche Wohlbefinden sind auf dieser Stufe kaum beeinträchtigt.

Stufe 4–6: Moderate Angst

- Eine Bewertung der Angst zwischen 4 und 6 Punkten auf der Skala deutet auf eine moderat aus-geprägte Angst hin.
- Auf dieser Stufe treten bereits spürbare körperliche Symptome auf. Hierzu zählen zum Beispiel ein erhöhter Herzschlag, ein Gefühl der Unruhe und Muskelverspannungen.
- Die Angst beeinflusst an dieser Stelle auch bereits die Gedanken – allerdings ist die Angst auf dieser Stufe noch nicht überwältigend.

Stufe 7–9: Starke Angst

- Eine Einordnung der Angst zwischen 7 und 9 auf der Skala zeigt eine starke Angst an.
- Auf dieser Stufe treten deutliche körperliche Symptome auf. Hierbei kann es sich beispielsweise um Atemnot, Magenbeschwerden oder auch Schweißausbrüche handeln. Bedenken Sie stets, dass körperliche Symptome sehr individuell sind. Allgemein sind die körperlichen Symptome auf dieser Angststufe jedoch sehr deutlich wahrnehmbar und für Betroffene eine große Belastung.
- Auch die Gedanken werden stark von Angst und Sorgen geprägt. Dies führt schlussendlich dazu, dass die Funktionsfähigkeit beeinträchtigt wird.

Stufe 10: Höchste Angst

- Die Bewertung von 10 auf der Angst-Skala steht für die Stufe der höchsten Intensität der Angst.
- Die körperlichen Symptome bewegen sich im extremen Bereich – bis hin zur Todesangst.
- Die Gedanken sind komplett von Angst erfasst und scheinen überwältigend. Betroffenen ist es kaum oder gar nicht mehr möglich, einen klaren Gedanken zu fassen.
- Die Funktionsfähigkeit ist in dieser Verfassung stark eingeschränkt. Für die Betroffenen scheint eine Bewältigung der Angst in dieser Situation als unmöglich.

Anwendung der Skala

Bei der Anwendung der Skala haben Sie zwei Möglichkeiten: Entweder wenden Sie die Skala im Moment der Angst an oder Sie ordnen Ihre Angst nachträglich ein. In beiden Fällen kann die An-wendung einer Skala von großem Nutzen sein. Im Moment der Angst können Sie sich beispielsweise selbst fragen, auf welcher Stufe der Skala Sie sich bzw. Ihre Angst gerade verorten würden. Dadurch können Sie Ihre eigene Befindlichkeit besser verstehen und auch eine angemessene Bewältigungsstrategie wählen sowie gezieltere Unterstützung suchen.

Natürlich können Sie die Skala aber auch dazu verwenden, Ihre Angst im Laufe der Zeit zu beobachten. Wenn Sie ein Angsttagebuch führen, sollten Sie auch mit Skalierung arbeiten, um Ihre Angstzustände im Nachhinein besser nachvollziehen zu können. Außerdem erhalten Sie durch die regelmäßige Einordnung und Bewertung Ihrer Angst einen Einblick in mögliche Muster oder Veränderungen. Dadurch erkennen Sie nicht nur Trigger oder Situationen, die Ihre Angst möglicherweise verstärken, diese Art der Dokumentation kann Ihnen auch enorm dabei helfen, Fortschritte zu er-kennen.

Sicherheit durch Orientierung

Die Skalierung der Angst bietet Ihnen jedoch nicht nur eine tolle Möglichkeit zur Selbstreflexion, sondern kann Ihnen auch in Zeiten der Unsicherheit als Orientierung dienen. Bestimmt kennen Sie das Gefühl der Ohnmacht in Bezug auf die eigenen Ängste: Manchmal hat man einfach das Gefühl, die Kontrolle zu verlieren. An dieser Stelle kommt nun die Angstskala ins Spiel: Diese hilft Ihnen nämlich dabei, Kontrolle zurückzugewinnen und im Umgang mit Ängsten eine Sicherheit zu erlangen, indem das eigene Angstniveau klar benannt und eingeordnet wird. Die klare Strukturierung der Skala bietet dabei eine sogenannte „Richtschnur", die es möglich macht, die eigenen Gefühle besser zu verstehen und angemessen darauf zu reagieren.

Integration in den Alltag

Um die Skalierung der Angst in den Alltag zu integrieren, bedarf es ein gewisses Maß an Achtsamkeit und regelmäßiger Praxis. Nehmen Sie sich gerade am Anfang ganz bewusst Zeit, Ihr Angstniveau zu bewerten und einzuordnen. Das Wichtigste: Seien Sie hierbei stets ehrlich zu sich selbst. Es bringt niemanden weiter, sich selbst zu belügen. Nutzen Sie die Skala ehrlich und als Werkzeug zur Selbsthilfe und -fürsorge.

Zusammenfassend können wir also festhalten:
Die Angst-Skala ist ein wertvolles Instrument auf dem Weg zur Angstbewältigung. Vor allem die klare Strukturierung bietet eine Orientierungshilfe und ermöglicht eine differenzierte Betrachtung der eigenen Angst. Dadurch werden wiederum die Selbstreflexion sowie die Selbstkontrolle gefördert.

Angstszenarien

Angstszenarien oder auch „Worst-Case-Szenarien" sind wie dunkle Wolken am Himmel unserer Gedanken – sie schweben bedrohlich über uns, können sich leicht zusammenbrauen und trüben dann unsere Stimmung. Es geht nun genau darum: um Angstszenarien und deren Auswirkungen. Natürlich werden im Zuge dessen auch Strategien zum Umgang mit diesen beleuchtet. Denn: Der bewusste Umgang mit Angstszenarien kann auch positive Auswirkungen auf uns und unsere Angst haben! Durch die bewusste Auseinandersetzung mit Worst-Case-Szenarien können wir nämlich viel über unsere Ängste und den Umgang mit diesen lernen. Außerdem gewährt uns die Auseinander-setzung mit Angstszenarien einen Einblick in die Lenkung unserer Gedanken.

Die Dynamik der Angstszenarien

Bei Angstszenarien handelt es sich um Gedankenrotationen, in deren Mittelpunkt meist potenzielle negative Ereignisse stehen. Sie können von realistischen Bedenken bis hin zu übertriebenen oder komplett irrationalen Ängsten reichen. Meist werden die Szenarien von einer starken emotionalen Reaktion begleitet, wodurch zusätzlich Angst, Sorge oder Unsicherheit hervorgerufen wird. Mit Hilfe unserer Vorstellungskraft können wir uns bildlich ausmalen, was möglicherweise alles schiefgehen könnte. Dadurch werden wir selbst in einen Zustand der Angst versetzt.

Worst-Case-Szenarien identifizieren

Um einen passenden Umgang mit Angstszenarien zu finden, ist es zunächst enorm wichtig, diese zu identifizieren und schließlich auch zu benennen. Worst-Case-Szenarien beschreiben die schlimmstmöglichen Szenarien, die möglicherweise (wie unwahrscheinlich es auch sein mag) ein-treten könnten, und betreffen dabei Aspekte wie

- Gesundheit,
- Arbeit,
- Beziehungen oder
- Finanzen.

Ein typisches Beispiel ist die Angst vor dem Verlust des Jobs. Damit gehen oft Gedanken einher wie: „Was ist, wenn ich dann nicht mehr für meine Familie sorgen kann? Wenn sich meine Frau dann von mir trennt und mir die Kinder wegnimmt?“ Ein anderes Szenario ist die Angst vor einem Vortrag. Auch diese Angst wird oft von Worst-Case-Szenarien begleitet. Damit gehen zum Beispiel folgende Gedanken einher: „Was passiert, wenn ich mich blamiere oder einen Blackout habe? Wenn mich dann all meine Freunde auslachen?“

All diese Gedanken können eine starke emotionale Reaktion auslösen und uns in einen Zustand starker Angst versetzen.

Dies kann wiederum eine Vielzahl negativer Auswirkungen auf unser Leben haben: Angstszenarien können uns zum Beispiel davon abhalten, uns auf neue Herausforderungen einzulassen, unsere Ziele zu verfolgen oder uns in zwischenmenschlichen Beziehungen zu öffnen. Sie können uns wortwörtlich in einen Zustand der Lähmung versetzen und uns daran hindern, unser volles Potenzial auszuschöpfen. Wenn wir uns ständig mit negativen Gedanken und Worst-Case-Szenarien beschäftigen, laufen wir Gefahr, uns in einen Teufelskreis der Angst zu begeben, der uns immer weiter von unseren eigenen Zielen entfernt.

Der Umgang mit Angstszenarien

Wie kann man aber nun am besten mit Angstszenarien umgehen? Im Umgang mit Angstszenarien ist es grundlegend, sich dieser bewusst zu werden und sie schließlich zu hinterfragen. Als ersten Schritt sollten Sie die Worst-Case-Szenarien daher immer auf ihre Realität überprüfen. Sie werden schnell erkennen, dass die Angstszenarien von irrationalen Ängsten geprägt sind. Stellen Sie sich selbst die Frage:

1. Ist meine Angst realistisch?
2. Ist das Szenario, das ich befürchte, wahrscheinlich oder unwahrscheinlich?
3. Wie oft in der Vergangenheit ist tatsächlich das Schlimmste eingetreten?

Durch die Beantwortung dieser Fragen werden Sie feststellen, dass die meisten Ängste unbegründet und eher unrealistisch sind.

Ein weiterer wichtiger Aspekt im Umgang mit Angstszenarien ist die Frage nach der Kontrolle. Häufig haben wir auf den Verlauf bestimmter Ereignisse, vor denen wir uns fürchten, tatsächlich keinen direkten Einfluss. Diese Ungewissheit spielt für die Angst eine große Rolle. Was wir jedoch immer kontrollieren können, ist unsere eigene Reaktion auf die Ereignisse. Es liegt in unserer eigenen Hand, welche Maßnahmen wir letztendlich ergreifen, um mit bestimmten Situationen umzugehen. Versuchen Sie also, sich auf die Aspekte zu konzentrieren, die Sie kontrollieren und beeinflussen können. Dadurch bekommen Sie ganz automatisch das Gefühl, Herr der Lage zu sein, was sich auch positiv auf Ihre Ängste auswirken wird.

Beispiel:
Sie haben große Angst vor einem Vortrag, den Sie vor einer Gruppe Menschen halten müssen. Sie wünschten, es würden nicht so viele Menschen zu dem Vortrag erscheinen, und „verfluchen" die Umstände, unter denen der Vortrag stattfinden wird. Dabei wird Ihre Angst noch größer. Der Fehler hierbei ist jedoch, dass Sie sich komplett auf „äußere" Umstände fokussieren, die Sie nicht oder nur schlecht beeinflussen können. Die Anzahl der Menschen, die zu dem Vortrag erscheinen werden, können Sie nicht verändern – ganz egal, wie viele Sorgen und Ängste Sie deshalb haben. Fokussieren Sie sich stattdessen auf die Faktoren, die Sie beeinflussen können, und hinterfragen Sie Ihre Ängste und Bedenken kritisch: Woher kommt die Angst vor Menschengruppen? Habe ich Angst davor, zu versagen und von vielen Menschen ausgelacht zu werden? Analysieren Sie anschließend, was Sie aktiv tun können, um Ihre Ängste zu lindern. Welche Faktoren haben Sie selbst in der Hand? In diesem Beispiel kann es helfen, die Präsentation bzw. den Vortrag intensiv einzuüben und viel-leicht vor einer oder mehreren vertrauten Personen übungsweise vorzutragen. Auch bewusstes Atmen kann zur Beruhigung beitragen. Sie sehen also: Sie können durchaus etwas zur Linderung der Angst tun und haben eine gewisse Kontrolle darüber – wichtig ist eben nur, zu erkennen, welche Aspekte man tatsächlich kontrollieren kann und welche man akzeptieren muss.

Im Umgang mit Angstszenarien gibt es noch einige weitere Strategien, die sich in der Vergangenheit bewährt haben. Eine der hilfreichsten Strategien ist es, sich auf das Hier und Jetzt zu konzentrieren und sich bewusst zu machen, dass die meisten unserer Ängste in der Zukunft liegende Szenarien betreffen, die möglicherweise ohnehin nicht eintreten werden. Hilfreich können auch Atem-techniken, Achtsamkeitsübungen oder Entspannungstechniken sein. All diese Methoden helfen, den Geist zu beruhigen und wieder klare Gedanken fassen zu können.

Eine Übung, die Sie ganz flexibel auch „zwischendurch" zur Beruhigung und Erdung in Ihren Alltag oder vor herausfordernden Situationen einbauen können, ist die sogenannte

„5-Finger-Methode"

So gehen Sie vor:

Insgesamt umfasst die Methode 5 Schritte, die mit den 5 Fingern einer Hand verbunden sind:

1. Daumen: Dieser steht für Sicherheit und Stabilität. Drücken Sie Ihren Daumen sanft und denken Sie dabei an eine für Sie sichere oder beruhigende Situation.

2. Zeigefinger: Dieser Finger steht für Wissen und Selbstbewusstsein. Führen Sie Ihren Zeige-finger zu Ihrer Stirn oder Schläfe und berühren Sie diese Stelle sanft. Erinnern Sie sich da-bei an all Ihre Fähigkeiten und Ihr Wissen, um mit Ihren Ängsten umzugehen.

3. Mittelfinger: Dieser repräsentiert Kraft und Stärke. Üben Sie leichten Druck auf Ihren Finger aus und spüren Sie dabei die Stärke in Ihrem Körper. Machen Sie sich bewusst: Sie sind stark!

4. Ringfinger: Dieser Finger steht für Verbindung und Unterstützung. Berühren Sie diesen Finger und spüren Sie dabei all die Unterstützung, die Sie aus Ihrem Umfeld und von Ihren Liebsten erhalten. Spüren Sie die Verbundenheit zu den Menschen, die Ihnen nahestehen, und seien Sie sich gewiss: Sie sind nicht allein.

5. Kleiner Finger: Dieser steht für Ruhe und Gelassenheit. Drücken Sie den kleinen Finger nur kurz und lassen Sie ihn danach wieder los. Atmen Sie dabei tief ein und wieder aus. Dabei konzentrieren Sie sich auf das Gefühl der Gelassenheit und Ruhe. Lassen Sie all Ihre Sorgen und Ängste für einen Moment los.

Mit Hilfe dieser Übung aktivieren Sie all Ihre Sinne und lenken Ihre Gedanken in eine positive und beruhigende Richtung. Dadurch kann es Ihnen besser gelingen, Stress und Ängste im Alltag zu lindern.

Die Kraft der Perspektive

Eine wichtige Rolle im Umgang mit Angstszenarien spielt auch unsere Perspektive. Doch was genau bedeutet das? Indem wir lernen, Dinge aus einer anderen Perspektive zu betrachten, können wir Ängste besser bewältigen und ein insgesamt positiveres Leben führen. Versuchen Sie öfter, Ihre Situation aus verschiedenen Blickwinkeln zu betrachten: Wie würde Ihre Mutter die Situation beurteilen? Oder ein guter Freund? Ein Mensch, den Sie für sehr intelligent halten? Ein Mensch, zu dem Sie aufschauen? Durch diesen Perspektivenwechsel werden Ihnen häufig ganz andere Umgangs-weisen und Lösungswege aufgezeigt, auf die Sie von Ihrer eigenen Perspektive aus gar nicht kommen würden – Stichwort: Meta-Ebene. Experten raten dazu, regelmäßig selbst die Meta-Ebene einzunehmen, um über das eigene Verhalten kritisch zu reflektieren. In einem Gespräch könnte dies zum Beispiel bedeuten, dass nicht nur über das Thema an sich gesprochen wird, sondern auch über die Art und Weise, WIE über ein Thema gesprochen wird, welche Dynamiken im Rahmen des Gesprächs vorhanden sind und welche Aspekte hinter bestimmten Aussagen stehen.

Worst-Case-Szenarien können durchaus erschreckend sein und uns in große Angst versetzen. Mit Hilfe der oben genannten Bewältigungsstrategien können Sie diesen jedoch den Kampf ansagen und die Kontrolle über Ihr Leben zurückgewinnen. Behalten Sie immer im Hinterkopf, dass es für jede Situation – mag sie auch noch so aussichtslos erscheinen – eine Lösung und einen passenden Umgang gibt. Dieser Gedanke kann Ihnen in vielen Situationen mehr Gelassenheit schenken. Vergessen Sie außerdem nie, dass in jedem Einzelnen von uns die Kraft steckt, seine Gedanken zu lenken und sein Leben in eine positive Richtung zu bringen.

Hilfe zur Selbsthilfe II: Intervention & Methoden

Im zweiten Teil von „Hilfe zur Selbsthilfe" geht es um weitere Methoden zur Bewältigung Ihrer Angst und darum, wie Sie lernen können, Ihr Leben mit mehr Ruhe und Gelassenheit zu führen. Hierzu lernen Sie zahlreiche praktische Übungen kennen, die Ihnen helfen werden, bei Angst zu intervenieren. Zu diesen Methoden zählen Visualisierungen, Atemübungen, Glaubenssätze und noch viel mehr. Die Integration dieser Übungen in den Alltag wird Ihnen dabei helfen, Ihre Ängste in den Griff zu bekommen, und so zu einem erfüllten Leben verhelfen.

Body-Scan

Wenn es um Selbsthilfe in Bezug auf Ängste geht, spielen ganz besonders Entspannungstechniken eine große und wichtige Rolle. Nun geht es um zwei besonders effektive Entspannungsmethoden: den Body-Scan sowie autogenes Training. Es handelt sich hierbei um Methoden, die gezielt Körper und Geist entspannen, Stress abbauen und so Ängsten vorbeugen.

Der Body-Scan

Bei dem sogenannten „Body-Scan" handelt es sich um eine Art der Achtsamkeitsübung, die sich besonders gut für Anfänger eignet. Selbstverständlich kann sie aber auch von bereits erfahreneren Personen angewendet werden. Durchgeführt werden kann der Body-Scan sowohl im Liegen als auch im Sitzen. Er kann unter Anleitung oder – wie auch hier – selbstständig erfolgen.

Wichtig:
Beim Body-Scan liegt die Konzentration – wie der Name bereits vermuten lässt – auf einzelnen Teilen des eigenen Körpers. Dies geschieht, indem die Aufmerksamkeit gezielt auf die jeweiligen Körperstellen gerichtet wird. Viele Personen beschreiben in Folge der Aufmerksamkeit sogar ein Gefühl von Wärme oder Kribbeln in den entsprechenden Körperpartien.

Wie lange Sie einzelnen Körperregionen Aufmerksamkeit schenken möchten, bleibt dabei Ihnen überlassen. Von wenigen Sekunden bis zu mehreren Minuten ist alles möglich. Zusätzlich empfiehlt es sich, auf die eigene Atmung zu achten. Zu beachten ist außerdem Folgendes: Sämtliche Empfindungen, die dabei aufkommen, sollen nicht bewertet oder beurteilt, sondern einfach nur wahrgenommen werden. Auch aufkommende Gedanken lassen Sie an sich vorbeiziehen. Dies gelingt durch die Fokussierung auf bestimmte Körperteile. Um schließlich wieder aus dem meditativen Zustand zu erwachen, konzentriert man sich in der letzten Phase des Body-Scans auf den gesamten Körper. Diese ganzheitliche Wahrnehmung sorgt für ein sanftes Erwachen. Danach sollte sich Ihr Körper warm und entspannt anfühlen. Ihre Gedanken sind ruhig und die Ängste ruhen.

Im Jahr 2019 wurde eine Studie zu regelmäßigem Body-Scan-Training durchgeführt. Die Ergebnis-se zeigten Erstaunliches: Die Teilnehmer wurden zufällig zwei verschiedenen Gruppen zugeteilt. Entweder wurden sie Teil einer Interventionsgruppe, die regelmäßig über einen Zeitraum von 8 Wochen Body-Scan-Übungen durchführte, oder Teil einer Kontrollgruppe. Die Teilnehmer der Kontroll-gruppe hörten unter denselben Bedingungen Hörbuch-Ausschnitte an. Die Auswertungen der Ergebnisse zeigten, dass sich die regelmäßigen Auszeiten auf die Mitglieder beider Gruppen positiv auswirkte. Das psychologische Stresslevel sank nachweislich. Bei den Teilnehmern der Body-Scan-Gruppe sank jedoch nicht nur das psychologische, sondern auch das physiologische Stress-level nachweislich. In ihren Körpern wurden tatsächlich verringerte Werte des Stresshormons Cortisol festgestellt. Zudem wurde eine erhöhte Konzentration des Steroidhormons DHEA gefunden. Das verringerte Auftreten von diesem wird mit einer längerfristigen Abnahme von Stress in Verbindung gebracht.

Definition: DHEA
Das Steroidhormon DHEA (Dehydroepiandrosteron) wird von den Nebennieren produziert und ist ein sogenanntes „Vorläuferhormon“, das im Körper in verschiedene Hormone (z. B. Testosteron) umgewandelt werden kann. DHEA spielt vor allem für die Immunfunktion, den Stoffwechsel und die Stressbewältigung eine wichtige Rolle. Da es in jungen Jahren am meisten produziert wird, ist es auch als „Jugendhormon“ bekannt.

Eine ausführliche Meditation in Form eines Body-Scans finden Sie am Ende dieses Ratgebers!

Autogenes Training

Eine weitere sehr effektive Methode gegen Angstzustände ist das sogenannte „autogene Training“. Hierbei handelt es sich um eine Entspannungstechnik, die auf Selbsthypnose basiert und darauf abzielt, sowohl den Geist als auch den Körper in einen Zustand tiefer Entspannung zu versetzen. Dieses ganzheitliche Heilverfahren wurde in den 30er Jahren durch den Nervenarzt und Physiotherapeuten J. H. Schultz (1884–1970) populär. Er entwickelte dieses

Verfahren basierend auf der herkömmlichen Hypnose. Im Gegensatz zu dieser bringt man sich während des autogenen Trainings jedoch selbst in einen hypnotischen Zustand, der schließlich zu einer Regulierung des Nervensystems und damit zu einem Wohlbefinden im körperlich-seelischen Entspannungszustand führt. Ähnlich wie in vorhergegangenen Übungen wird hier mit der Kraft der Vorstellung gearbeitet. Ziel des autogenen Trainings ist es, sich schlussendlich durch reine Vorstellungskraft in einen Zustand der Entspannung zu versetzen und damit Stress und Ängste abzubauen. Alles, was Sie dafür brauchen, ist ein wenig Übung und eine kleine Portion Fantasie.

Autogenes Training ist übrigens nicht nur eine tolle Methode gegen Ängste, sondern bringt noch weitere Vorteile mit sich. Unter anderem kann es folgende Effekte haben:

- Abbau von Muskelverspannungen oder Haltungsschäden
- positiver Einfluss auf Magen- und Darmstörungen
- Reduzierung chronischer Schmerzen, zum Beispiel Kopfschmerzen oder Migräne
- Steigerung der Leistungsfähigkeit
- Abbau von Konzentrationsstörungen
- Erwartung eines positiven Effekts bei psychischen Belastungen
- Finden von innerer Ruhe und mehr Gelassenheit
- Linderung von Ängsten

Sie sehen also: Autogenes Training bringt zahlreiche Vorteile mit sich und wirkt sich damit nicht nur positiv auf Ihre Angststörung, sondern auf Ihr komplettes Leben aus. Die gute Nachricht: Autogenes Training hört sich erst einmal viel komplizierter an, als es ist. Im Grunde kann es nämlich jeder ganz einfach erlernen. Natürlich wird es dem einen etwas leichter, dem anderen etwas schwerer fallen. Mit etwas Übung und der richtigen Anleitung werden aber auch Sie schon bald Erfolge auf diesem Gebiet erzielen. Im Folgenden finden Sie klassische Übungen, die sich für Anfänger eignen und einen ersten Vorgeschmack darauf geben, was mit Hilfe der eigenen Gedanken alles möglich ist.

Übung 1: Die Schwereübung
Besonders diese Übung eignet sich hervorragend für Anfänger. Hierbei wird mit Muskelentspannung gearbeitet, was ein Gefühl der „Schwere" verursacht. Von diesem Effekt hat die Übung auch ihren Namen. Alles, was Sie für diese Übung benötigen, ist ein Stuhl.

So gehen Sie vor:

- Begeben Sie sich an einen ruhigen Ort, an dem Sie sich wohl fühlen. Wichtig ist zudem, dass Sie dort für die nächsten 10 Minuten ungestört sind.
- Setzen Sie sich auf den Stuhl und begeben Sie sich in die sogenannte „Kutscherhaltung". Das heißt: Beugen Sie Ihren Oberkörper leicht nach vorne. Ihre Unterarme ruhen dabei auf den Oberschenkeln. Sowohl der Kopf als auch der Nacken hängen. Alternativ können Sie sich auch auf einen weichen Untergrund auf den Boden legen und sich dort völlig entspannen. Hierbei liegen die Arme entspannt neben Ihnen.
- Nun schließen Sie die Augen.
- Konzentrieren Sie sich auf Ihren rechten Arm (Anmerkung: Linkshänder sollten mit dem linken Arm beginnen). Spüren Sie die Schwere in Ihrem Arm. Je mehr Sie sich auf Ihren Arm konzentrieren, desto schwerer wird er.
- Steigern Sie nun das Gefühl der Schwere ganz bewusst, indem Sie mit Suggestion arbeiten. Sagen Sie in Ihren Gedanken: „Mein rechter (linker) Arm ist ganz schwer." Wiederholen Sie diesen Satz einige Male.
- Sie spüren nun, wie Ihr Arm immer schwerer wird. Gleichzeitig macht sich aber auch eine tiefe Entspannung breit.
- Nun weiten Sie die Übung wie oben beschrieben auch auf den anderen Arm aus. Anschließend gehen Sie über zu den Beinen. Achten Sie hierbei darauf, dass Sie Ihren Text bzw. Ihre Gedanken möglichst genau anpassen. Auch dies hat einen Effekt auf die Wirkung der Übung.
- Diese Übung können Sie beliebig lange ausführen – so lange, wie Sie sich selbst wohl damit fühlen und den Zustand der Schwere und Entspannung genießen können.
- Um das autogene Training zu beenden und diese Übung zu verlassen, brauchen Sie lediglich Ihre Muskeln bewusst wieder anzuspannen. Sie können hierzu beispielsweise eine Faust machen. Am besten strecken Sie sich nach der Übung kurz und öffnen anschließend die Augen. Der tiefe Entspannungszustand wird dadurch wieder aufgehoben, was sich in der Fachsprache „Rücknahme" nennt.

Übung 2: Die Wärmeübung

Die sogenannte „Wärmeübung" funktioniert sehr ähnlich wie die Schwereübung. Allerdings suggerieren Sie dem Körper bei dieser Übung im Gegensatz zur vorherigen Übung, dass er ganz warm ist. Ziel der Übung ist es, dass sich tatsächlich die Blutgefäße weiten und es dadurch zur körperlichen Entspannung und Beruhigung kommt. Auch diese Übung können Sie wahlweise auf einem Stuhl in der Kutscherhaltung oder auf dem Boden liegend durchführen. Wiederholen Sie für diese Übung folgende Sätze (jeweils an den entsprechenden Körperteil angepasst): „Mein rechter Arm ist ganz warm." Wiederholen Sie die Schritte der vorangegangenen Schwereübung in angepasster Form, bis eine vollkommene Entspannung eintritt. Die Übung beenden Sie wie oben beschrieben.

Übung 3: Die Atemübung

Sicherlich kennen Sie das: Bei Panik und Angst fällt einem das Atmen häufig besonders schwer. Nicht umsonst heißt es oft: einem bleibt der Atem weg. Diese Übung ist daher besonders gut gegen Ängste, Aufregung oder Lampenfieber geeignet, da sie hilft, zurück zur inneren Mitte zu finden.

Wiederholen Sie – ähnlich wie bei den vorangegangenen Übungen – entweder laut oder in Ihrem Kopf die Formel: „Atmung ganz ruhig." Ziel ist es, dadurch eine entspannte, ausgleichende und langsame Atmung zu erlangen. Wiederholen Sie die Formel einige Male – so oft, bis Sie tatsächlich einen Zustand der Entspannung und eine ruhige Atmung erlangt haben. Mit Hilfe dieser Übung zeigen Sie Ihrem Körper, dass keine reale Gefahr besteht und er sich infolgedessen entspannen kann. Dadurch reguliert sich automatisch die Atmung.

Letztendlich hängt der Erfolg der eben vorgestellten Methoden stark davon ab, inwiefern Betroffene sich darauf einlassen können. Man benötigt für die Durchführung der Übungen ein gewisses Maß an Vorstellungskraft. Gerne können Sie diese Methoden auch im Rahmen Ihrer Therapie ansprechen. Häufig können Experten dabei helfen, die Übungen zu optimieren und an Sie und Ihre individuellen Anforderungen perfekt anzupassen.

VISUALISIERUNGEN

Auch die Kraft der Visualisierung darf bei der Linderung von Angst und Panikstörungen nicht unter-schätzt werden. Visualisierungen sind nämlich eine äußerst effektive Methode, um das Nervensystem zu beruhigen und gleichzeitig Ängste abzubauen. Alles, was Sie dafür brauchen, tragen Sie bereits in sich: Ihre Vorstellungskraft. Diese verwenden Sie hierbei dazu, um friedliche und beruhigende Bilder in Ihrem Kopf zu erschaffen. Dabei kann es sich um beruhigende Szenen wie einen Wald, einen Strand oder einen Berg handeln. Während Sie sich auf diese Vorstellung konzentrieren, entstehen Gefühle der Entspannung und Leichtigkeit. Aber auch andere Vorstellungen können sehr kraftvoll und effektiv sein, zum Beispiel die Vorstellung davon, die eigenen Ziele zu erreichen. Auch die Visualisierung von positiven Gefühlen, beispielsweise anderen Menschen gegenüber, kann zur Linderung von Ängsten eingesetzt werden. Vor allem das regelmäßige Üben der Visualisierung wird Ihre Fähigkeit verbessern, Ängste abzubauen, und Gelassenheit im Alltag fördern.

Die Macht der Visualisierung verstehen lernen

Wie Sie bereits aus vorherigen Kapiteln wissen, haben Sie einen großen Einfluss auf Ihre Gedanken. Dies gilt auch in Bezug auf Visualisierungen: Indem Sie positive und entspannende Szenarien gedanklich visualisieren, aktivieren Sie in Ihrem Gehirn eine Entspannungsreaktion, was wiederum zu einem Gefühl von Ruhe und Leichtigkeit führt.

Die Forschung hat in der Vergangenheit bereits mehrmals gezeigt, dass Visualisierung ein wirksames Mittel zum Abbau von Ängsten sein kann. Sie können dadurch jedoch nicht nur Ängste abbau-en, sondern auch allgemein zu mehr Ruhe und Gelassenheit finden. Vor allem in Kombination mit anderen Methoden, wie zum Beispiel Atemübungen, hat sich die Visualisierung als sehr wirksam erwiesen.

Techniken

Wie bei fast jeder Methode gibt es auch bei der Visualisierung verschiedene Techniken, die zum Einsatz kommen können. Am effektivsten wirkt die Visualisierung, wenn Sie eine Technik finden, die am besten zu Ihren persönlichen Bedürfnissen passt. Besonders beliebt ist unter Angstpatienten zum Beispiel die Schaffung eines mentalen Zufluchtsortes. Hierbei handelt es sich um eine für Sie persönlich friedliche und ruhige Umgebung, die Sie visualisieren und in die Sie in beunruhigenden Momenten „flüchten". Diesen Ort visualisieren Sie mit all seinen Facetten: Stellen Sie sich die Gerüche, Geräusche und Empfindungen vor Ort vor. Je mehr Details Sie visualisieren, desto leichter fällt Ihnen das Verweilen an dem Ort und die Rückkehr zu diesem. Ob Sie diesen Ort bereits kennen oder er aus Ihrer Fantasie stammt, ist dabei völlig unwichtig.

Eine alternative Technik ist die sogenannte „geführte Imagination". Hierbei handelt es sich um ein aufgezeichnetes Skript, das Sie durch eine Visualisierungsübung führt. Eine beispielhafte Visualisierungsübung finden Sie im Folgenden.

Hilfsmittel zur Visualisierung

Gerade zu Beginn ist das Visualisieren keine leichte Übung. Um Visualisierung zu erleichtern, gibt es daher bestimmte Hilfsmittel, die eingesetzt werden können. Ein beliebtes Hilfsmittel ist zum Bei-spiel das sogenannte „Vision Board". Hierbei handelt es sich um eine Collage aus Bildern, Wörtern, Bestrebungen, Zielen oder Zitaten. Dieses Vision Board stellen Sie selbst zusammen. Es wird Ihnen bei der Visualisierung Ihres Zufluchtsortes helfen, indem es Ihnen konkrete Anhaltspunkte liefert und als Inspiration dient.

Auch Affirmationen – also positive Aussagen – können bei der Visualisierung als Hilfsmittel verwendet werden. Wenn Sie sich an einen bestimmten Ort versetzen oder ein bestimmtes Szenario visualisieren wollen, ist es hilfreich, entsprechende Aussagen laut zu wiederholen.

Letztendlich ist es wichtig, herauszufinden, welches Hilfsmittel für Sie am besten geeignet ist und wie Sie es schaffen können, Visualisierung effektiv einzusetzen.

Übung: Visualisierung von Mitgefühl zur Linderung von Ängsten

Besonders hat sich die folgende Visualisierungs-Übung im Kampf gegen übermächtige Ängste bewährt: die Visualisierung von Mitgefühl. Doch woran liegt das? Wer sich in Mitgefühl übt, kultiviert ein Gefühl von Freundlichkeit und tiefem Verständnis für sich selbst und auch für die Menschen im näheren Umfeld. Diese Übung kann dabei helfen, negative Selbstverurteilungen hinter sich zu lassen und einen inneren Frieden zu finden.

Durchführung:

- Suchen Sie sich einen ruhigen Ort, an dem Sie entspannen können und ungestört sind. Wichtig ist, dass Sie dort nicht abgelenkt werden.
- Schließen Sie nun Ihre Augen. Atmen Sie tief ein und wieder aus. Bei jedem Atemzug entspannen Sie Ihren Körper mehr und mehr.
- Visualisieren Sie nun in Ihren Gedanken eine friedliche Szene. Das kann zum Beispiel ein kleiner Blumengarten sein oder ein stiller See.
- Tauchen Sie in diese Vorstellung völlig ein und nehmen Sie die Details der imaginären Umgebung wahr. Was riechen Sie? Was fühlen Sie? Was sehen und hören Sie?
- Stellen Sie sich nun vor, dass Sie Wellen der Liebe und des Mitgefühls zu sich selbst senden. Diese erreichen Sie als ein warmes und heilendes weißes Licht, das Sie schließlich völlig um-fasst.

• Diese Erfahrung können Sie nun im Rahmen Ihrer Visualisierung auf andere Personen erweitern. Stellen Sie sich vor Ihrem geistigen Auge eine Ihnen nahestehende Person vor. Senden Sie dieser Person ebenfalls ein Licht aus Liebe und Mitgefühl. Spüren Sie die Verbindung zwischen sich und der Person. Seien Sie gewiss, dass Sie mit Ihren Ängsten und Problemen nicht alleine sind.

• Visualisieren Sie, wie sich dieses von Ihnen ausgehende Mitgefühl auf alle Wesen ausbreitet. Spüren Sie, wie es Wellen schlägt und dadurch Frieden und Gelassenheit auf der ganzen Welt entstehen.

Verbesserung der Visualisierung mit Hilfe von Atemübungen
Für maximale Erfolge können Sie Ihre Visualisierungstechniken mit Atemübungen kombinieren. Dadurch wird die Entspannung intensiviert und der Stressabbau wird maximiert. Eine besonders effektive Atemübung, die Sie während einer Visualisierung anwenden können, ist die sogenannte „Zwerchfellatmung". Atmen Sie hierfür nicht nur oberflächlich in Ihren Brustkorb, sondern tief in das Zwerchfell ein. Nehmen Sie hierfür eine bequeme Haltung ein und legen Sie eine Hand auf die Brust, die andere Hand auf den Bauch. Atmen Sie nun tief durch die Nase ein. Dabei sollte sich Ihr Bauch spürbar heben. Atmen Sie anschließend langsam und ruhig durch den Mund aus. Dabei sollte sich der Bauch wieder senken.

Die Macht der Regelmäßigkeit
Wie bei so vielen Methoden, heißt es auch bei der Visualisierung: Übung macht den Meister! Aber nicht nur das – wichtig ist hier vor allem eine gewisse Regelmäßigkeit, um vom vollen Effekt zu profitieren. Integrieren Sie das Visualisieren in Ihren Alltag und lassen Sie daraus eine Routine entstehen. Keine Sorge – das bedeutet nicht, dass Sie mehrmals täglich visualisieren müssen. Versuchen Sie lieber, freie Minuten effektiv zu nutzen, um Kraft und Energie durch Visualisierung zu gewinnen. Zum Beispiel können Sie täglich vor dem Schlafengehen visualisieren und so eine Routine etablieren.

Den Atem regulieren

Von der Macht der richtigen Atmung in Bezug auf die Überwindung von Ängsten war bereits mehr-fach die Rede. Doch die richtige Atmung ist nicht nur in Kombination mit anderen Methoden – wie zum Beispiel der Visualisierung – enorm effektiv, sondern auch als Methode an sich. Das Sprich-wort „Einfach mal tief durchatmen" kommt also nicht von Ungefähr. Das Tolle an der Regulierung des Atmens: Diese Methode kann nicht nur vorbeugend gegen Angst und Panik eingesetzt werden, sondern tatsächlich auch akut während einer Panikattacke. Die Fokussierung auf den eigenen Atem hat eine beruhigende Wirkung und schwächt Angst ab. Wichtig ist hierbei, dass Sie eine (an-stehende) Panikattacke so früh wie möglich erkennen, um möglichst früh durch

Atmung gegen-steuern zu können. Hierfür ist es wichtig, dass Sie sich und Ihr Verhalten während einer Panikattacke gut kennen. Wie bereits erwähnt, sind hierfür Angsttagebücher und die Skalierung von Angst sinnvoll.

Aber von vorne: Warum sind Atemübungen bei Panikattacken so sinnvoll? Um dies zu verstehen, lohnt sich ein kleiner Ausflug in die Biologie. Wie in so vielen Fällen ist auch hierfür das zentrale Nervensystem verantwortlich. Es ist in erster Linie dafür zuständig, alle Reize weiterzuleiten – so zum Beispiel bestimmte Gedanken, die dann in Körperbewegungen umgesetzt werden. Zu unserem zentralen Nervensystem gehört auch das vegetative Nervensystem. Dieses ist für die Steuerung autonomer Mechanismen verantwortlich, wie zum Beispiel den Herzschlag, den Stoffwechsel oder eben auch die Atmung. Diese Mechanismen laufen in der Regel automatisch und ohne unser Zutun ab. Im Grunde können wir diese Mechanismen auch nicht weiter beeinflussen. Dieses System hat zwei Gegenspieler: den Sympathikus auf der einen und den Parasympathikus auf der an-deren Seite. Bei Angst oder in anderen Situationen, in denen der Körper leistungsbereit sein muss, wird der Sympathikus aktiv: Er versetzt unseren Körper in Alarmbereitschaft, was einen erhöhten Herzschlag, eine vermehrte Durchblutung und eine schnellere Atmung mit sich zieht. Der Körper wird so auf eine womöglich drohende Gefahr vorbereitet.

Der Parasympathikus ist hingegen für Regeneration und Ruhe verantwortlich. Er verlangsamt unseren Herzschlag und die Atmung und senkt den Blutdruck. Und genau an dieser Stelle kommt der Trick: Während einer Panikattacke ist der Sympathikus voll aktiv. Indem unter anderem unsere Atemfrequenz erhöht wird, bereitet sich unser Körper auf Gefahr vor. Wenn Sie nun aber aktiv gegensteuern und bewusst langsam und ruhig atmen, senden Sie Ihrem vegetativen Nervensystem das Signal: „Moment, hier ist alles in Ordnung! Es gibt keine Gefahr!“ Damit wird dann der Parasympathikus aktiv und der Sympathikus beruhigt sich.

Folgende Übungen können Sie konkret während einer Panikattacke oder zur Vorbeugung Ihrer Angst anwenden:

Übung 1: Achtsames Atmen

Wenn Sie mitten in einer Panikattacke stecken, sollten Sie Ihren Fokus ganz bewusst auf Ihre Atmung legen. Nehmen Sie wahr, wie Sie gerade atmen. Sie werden feststellen, dass Sie in Ihrer Angst viel zu schnell und flach atmen. Viele Betroffene atmen in zu kurzer Zeit zu viel Luft ein, weil Sie Angst haben, zu wenig Luft zu bekommen. Versuchen Sie daher zuerst, die Atmung allgemein zu verlangsamen. Zudem sollten Sie versuchen, die Atmung in Ihren Bauch zu verlagern. Der Grund hierfür: Meist wird während einer Panikattacke überwiegend in die Brust geatmet, was zu einer geringen Sauerstoffversorgung führt. Legen Sie hierzu gerne unterstützend Ihre Hand auf den Bauch und fühlen Sie die Bewegungen. Beginnen Sie nun ruhig, tief und voll zu atmen. Lenken Sie Ihre Gedanken immer wieder zurück auf Ihre Atmung und nehmen Sie die Luftströme ganz bewusst von der Nasenspitze bis hin in Ihren Bauch wahr. Nehmen Sie alles ganz bewusst wahr: Die Wärme oder auch Kälte der Luft, die Bewegung dieser und Ihres eigenen Körpers und Ihr Empfinden dabei. Kommen Sie so wieder im Hier und Jetzt an.

Übung 2: Die Lippenbremse
Auch diese Übung zielt darauf ab, die Atmung während einer Panikattacke wieder besser regulieren zu können. Die Bezeichnung „Lippenbremse" hört sich erst einmal ein wenig merkwürdig an. Tat-sächlich ist diese Übung aber sehr effektiv und unbedingt einen Versuch wert!

So gehen Sie vor:
Beginnen Sie damit, in die Nase einzuatmen. Spitzen Sie anschließend Ihre Lippen und öffnen Sie dabei Ihren Mund einen Spalt weit. Atmen Sie nun durch den Mund aus. Sie werden einen Wider-stand bemerken – und das ist auch gut so. Sie können durch diese Lippenstellung zwar ausatmen, allerdings wird die Atmung durch die Lippen gebremst. Zusätzlich kann dieser Effekt unterstützt werden, indem Sie die Luft mit einem „Sss"- oder „Pfff"-Laut ausatmen. Führen Sie die Übung so lange durch, bis Sie Entspannung und Beruhigung wahrnehmen und sich Ihre Atmung beruhigt. Ihre Atmung wird so zu einem natürlichen Beruhigungsmittel.

Übung 3: 2-4-2-4-Atmung
Diese Übung gegen Angst hat einen etwas merkwürdigen Namen. Sie werden jedoch in Kürze sehen, woher dieser Name kommt. Stellen Sie sich für diese Übung aufrecht hin und nehmen Sie eine lockere und entspannte Körperhaltung ein. Alternativ können Sie auch locker sitzen. Entspannen Sie vor allem Ihre Schultern, Ihre Stirn und den Kiefer. Nun beginnen Sie, ganz ruhig und tief durch die Nase ein- und wieder auszuatmen. Schließen Sie hierzu auch gerne Ihre Augen. Beginnen Sie dann, zu zählen: Bei Ihrer Einatmung zählen Sie langsam bis 2, beim Ausatmen bis 4. Stellen Sie sich nun zusätzlich vor, dass Sie mit jedem Atemzug positive Energie aufnehmen und bei jedem Ausatmen negative Energie loswerden. Diese Übung wiederholen Sie bis zu 10-mal. Sie eignet sich übrigens auch wunderbar für zwischendurch – zum Beispiel direkt morgens nach dem Auf-stehen oder abends vor dem Schlafengehen.

GLAUBENSSÄTZE

„Der Glaube bewegt Berge." Haben Sie davon schon einmal gehört? Tatsächlich ist das nicht nur ein Sprichwort! Unsere Gedanken und Glaubenssätze haben einen wahnsinnig großen Einfluss auf unser Handeln. Dass dies tatsächlich so ist, zeigen auch Self Fulfilling Prophesies, die Sie aus diesem Buch bereits kennen. Auch wissenschaftlich gilt diese Annahme als erwiesen. Positives Denken kann also Ihr Leben positiv beeinflussen. Was viele hierbei jedoch vergessen: Natürlich haben auch negative Glaubenssätze einen großen – und eben negativen – Einfluss auf uns. Sie lassen Ängste und Unsicherheiten entstehen. Wenn diese negativen Glaubenssätze nicht aktiv beseitigt werden, können positive Glaubenssätze nie ihre ganze Wirkung entfalten. Aus diesem Grund ist es wichtig, Schritt für Schritt vorzugehen und erst negative Glaubenssätze zu entfernen, bevor man positive Glaubenssätze etabliert und die Macht der Gedanken so aktiv für sich und ein angstfreies Leben nutzt.

Wie entstehen Glaubenssätze?

Beginnen wir ganz von vorne: Woher kommen eigentlich die Glaubenssätze, die wir in uns tragen? Tatsächlich entstehen viele Glaubenssätze bereits in unserer Kindheit. In der Wissenschaft geht man davon aus, dass die Glaubenssätze von Kindern bis zum 7. Lebensjahr besonders formbar sind. In diesen jungen Jahren nehmen Kinder sämtliche Reize und Umwelteinflüsse ungefiltert auf, da sie zu diesem Zeitpunkt noch ohne bewussten Verstand leben. Die Erlebnisse in unserer Kindheit haben also einen großen Einfluss auf uns und unsere Glaubenssätze – auch, wenn wir uns an die meisten dieser Erlebnisse gar nicht bewusst erinnern können. All die Dinge, die wir also bis zum 7. Lebensjahr erleben, formen schließlich die frühkindliche Prägung und damit auch unsere Glaubenssätze, die wir auch noch viele Jahre später in uns tragen. Zum Teil übernehmen wir Glaubenssätze auch ganz unbewusst von Personen aus unserem Umfeld, zum Beispiel unseren Eltern. Wenn Ihre Eltern zum Beispiel die Ansicht haben, dass Hunde total gefährlich sind, ist die Wahrscheinlichkeit groß, dass Sie selbst im Laufe Ihres Lebens eine große Angst vor Hunden entwickeln.

Andere Glaubenssätze entstehen wiederum durch die Erfahrungen, die wir selbst machen.

Sie haben in Ihrem Leben bereits öfter die Erfahrung gemacht, dass Ihnen Aufgaben, die nicht so-fort geklappt haben, sofort abgenommen wurden. Daraus kann folgender negativer Glaubenssatz entstehen: „Es muss immer alles sofort klappen!" oder „Ohne Hilfe schaffe ich nichts!"

Manchmal reichen auch vermeintlich harmlose Sätze aus, die unser Leben jedoch nachhaltig prä-gen. Hier ist jeder Mensch in seiner Wahrnehmung sehr individuell. Kinder, die zum Beispiel während ihrer Schulzeit von Lehrkräften Dinge wie „Sport liegt dir einfach nicht" oder „Du hast wirklich gar kein Rhythmusgefühl" hörten, tragen die Annahme, dass sie unsportlich oder unmusikalisch sind, oft ein Leben lang mit sich herum und meiden sogar fortan alles, was damit zu tun hat.

Sie können sich vorstellen, wie hemmend solch negative Glaubenssätze sein können. Häufig stehen Sie in engem Zusammenhang mit unseren Ängsten. Im Folgenden erfahren Sie Schritt für Schritt, wie Sie auf dem Weg zum richtigen Umgang mit Angst negative Glaubenssätze beseitigen und positive Glaubenssätze etablieren können.

So gehen Sie gegen negative Glaubenssätze vor:

Glaubenssätze erkennen

Der wohl grundlegendste und damit auch erste Schritt: Sie müssen Ihre eigenen negativen Glaubenssätze erkennen. Doch das ist gar nicht so einfach, wie es erst einmal klingt! Um Ihre Glaubenssätze kennenzulernen, müssen Sie sich ganz bewusst Fragen stellen und Ihre Weltanschauung kritisch beleuchten.

- Welche Annahmen haben Sie über die Welt?
- Wie denken Sie über sich selbst?
- Wie bewerten Sie sich selbst?
- Welche Vorannahmen haben Sie über das, was geschehen wird?

Falls Sie mit der Beantwortung dieser Fragen Probleme haben, sollten Sie ganz bewusst an Situationen zurückdenken, in denen es Ihnen nicht gut gegangen ist. Welche Glaubenssätze haben Sie in diesem Moment geleitet? Welche stecken hinter Ihren negativen Gedanken und Ihrem Verhalten?

Typische, negative Glaubenssätze können zum Beispiel sein:

- „Ich bin nicht gut genug."
- „Ich kann niemandem vertrauen."
- „Ich muss alles alleine schaffen."
- „Ich bin unbegabt in XY."
- „Ich darf keine Fehler machen."
- „Ich muss alles alleine schaffen."
- „Ich muss perfekt sein."
- ...

All diese negativen Glaubenssätze hängen eng mit unseren Ängsten zusammen.

Faktencheck

Glaubenssätze haben es so an sich, dass sie den Anschein erwecken, sie wären die Wahrheit. Aus diesem Grund werden sie auch so selten in Frage gestellt. Das Problem hierbei ist jedoch Folgen-des: Menschen tendieren dazu, ihre eigene Wahrheit immer wieder bestätigt sehen zu wollen. Sich selbst einzugestehen, dass man falschliegt, fällt den meisten Menschen extrem schwer, weshalb Dinge, die außerhalb der eigenen „Wahrheit" liegen, gemieden werden. Dieses Verhalten nennt man im Fachjargon „Confirmation Bias". Personen und Dinge, die nicht mit der eigenen Wahrheit über-einstimmen, werden gemieden. Personen und Dinge, die der eigenen Wahrheit entsprechen, zieht man hingegen automatisch in sein Leben. Dadurch wird die vermeintliche Wahrheit zusätzlich bestärkt, obwohl uns diese vielleicht sogar schadet und hemmt. Versuchen Sie also, diesen Teufelskreis zu durchbrechen, und unterziehen Sie Ihre Glaubenssätze einem knallharten Faktencheck. Fragen Sie sich beispielsweise:

• Wie komme ich zu der Annahme, dass dieser Glaubenssatz stimmt? Gibt es Erfahrungen, die dies begründen?

• Entspricht mein Gedanke wirklich der Realität? Gibt es Tatsachen, auf denen der Gedanke beruht? Gibt es Beweise? Oder vielleicht sogar Gegenbeweise?

• Ist der Glaubenssatz hilfreich für mich? Oder hemmt er mich?

Negative Glaubenssätze verändern

Sind die negativen Glaubenssätze erst einmal entlarvt, gilt es, diese zu verändern. Stellen Sie sich das Ganze wie eine Autofahrt vor. Jahrelang haben Sie diesen einen Weg verfolgt. Nun sind Sie an einer Gabelung angelangt und müssen sich entscheiden: Fahre ich auf dem alten, bekannten Weg weiter oder schlage ich einen neuen Weg ein? Natürlich werden Sie nun den Blinker setzen und auf den neuen – und richtigen – Weg abbiegen und Ihren negativen Glaubenssatz durch positive Gedanken ersetzen. Formulieren Sie hierzu Ihre alten Glaubenssätze positiv um. Häufig können schon kleine Wörtchen eine große Auswirkung haben. Zum Beispiel wird so aus „Ich kann das nicht" ein „Ich gebe mein Bestes und werde jeden Tag ein Stück besser". Die neu erworbenen, positiven Glaubenssätze können Sie entweder tatsächlich aufschreiben oder gedanklich immer wieder wiederholen.

Neue Erfahrungen machen

Der beste Weg, um neue Glaubenssätze so schnell wie möglich zu etablieren, sind neue, positive Erfahrungen, die die Glaubenssätze bestätigen.

Sie wollen für sich selbst den Glaubenssatz „Ich bin sportlich“ etablieren? Na, dann überlegen Sie, was eine sportliche Person jetzt tun würde – und tun Sie genau das! Wie hat diese Person angefangen? Welche Ziele hatte diese Person?

Wenn Sie sich Ihren neuen Glaubenssätzen entsprechend verhalten, stärken Sie diese nicht nur, sondern Sie leben diese auch.

Haben Sie Geduld

Zum Schluss noch ein wichtiger Ratschlag: Bleiben Sie am Ball und verlieren Sie nicht die Geduld. Glaubenssätze, die uns seit der Kindheit begleiten, können hartnäckig sein und werden nicht inner-halb weniger Minuten komplett verschwinden. Es braucht Zeit, bis sich neue Glaubenssätze etablieren und alte komplett verdrängen. Sie können jedoch die Gewissheit haben: Es wird mit der Zeit immer leichter und die Arbeit an sich selbst lohnt sich und ist die beste Investition überhaupt!

Positive Affirmationen zur Bekämpfung von Angst

Nachdem wir uns nun also ausgiebig mit der Beseitigung negativer Glaubenssätze beschäftigt haben, wollen wir noch einmal einen intensiveren Blick auf positive Glaubenssätze werfen. Durch positives Denken und positive Affirmationen werden wir selbstbewusster und stärker. Gefühle wie Angst oder Zweifel werden durch Mut und Experimentierfreude ersetzt. Anbei finden Sie acht wert-volle Tipps im Umgang mit positiven Affirmationen:

- Wählen Sie stets Glaubenssätze, die zu Ihnen und Ihrem Leben passen. Affirmationen sind nur dann wirksam, wenn Sie auch selbst fest daran glauben. Unrealistische Affirmationen, in die Sie nicht voll und ganz vertrauen, sind leider unwirksam.
- Wiederholen Sie Ihre positiven Glaubenssätze regelmäßig. Dabei gilt: Je öfter, desto besser und desto größer ist die Wahrscheinlichkeit, dass Sie sie vollständig verinnerlichen.
- Am besten verschriftlichen Sie Ihre Affirmationen und bringen den Zettel an einem Ort an, an dem Sie täglich vorbeilaufen, zum Beispiel an Ihrem Kühlschrank.
- Verbinden Sie Ihre Affirmationen mit Visualisierung und stellen Sie sich bildlich vor, wie Sie all Ihre Ziele erreichen.
- Seien Sie geduldig! In der Regel brauchen Affirmationen bis zu 60 Tage, bis Sie wirklich verinnerlicht sind und „wirken“.

• Bleiben Sie stets positiv. Das heißt: Richten Sie Ihren Blick auf die positiven Dinge, die Ihnen widerfahren – weg von allem Negativen. Ihre Glaubenssätze sollten Sie ebenfalls stets positiv formulieren und dabei auf Verneinungen verzichten.

• Achten Sie auf die Formulierung Ihrer Affirmationen. Diese sollten sich nämlich stets auf die Gegenwart richten. Die Vergangenheitsform sollte nicht benutzt werden. Der Blick geht nach vorne!

• Seien Sie bei der Formulierung außerdem so konkret wie möglich. Zwar funktionieren auch all-gemein gefasstere Affirmationen, wie zum Beispiel „Ich bin mutig", allerdings gilt: Je genauer die Formulierung, desto besser.

Eine Auswahl der besten Affirmationen zur Überwindung von Angst:

- Ich bin mutig.
- Ich kann alles schaffen, was ich mir vornehme.
- Ich werde auch die größte Herausforderung mit Bravour überwinden.
- Ich bin gut so, wie ich bin.
- Neue Situationen lassen mich wachsen.
- Ja, ich kann das!
- Ich entscheide über mein Leben.
- Ich bin voller Frieden und Vertrauen.
- Ich bin großartig.
- Ich erkenne nur das Gute um mich herum.
- Ich meistere mit Mut und Stärke meinen Alltag.
- Ich liebe es, meine Komfortzone zu erweitern.
- Ich glaube an die Entscheidungen, die ich treffe.

Die Angst durchleben

Den meisten Betroffenen von Angststörungen wird bei dem reinen Gedanken an die Angst unwohl. Sich bewusst in eine solche Situation begeben? Undenkbar! Tatsächlich ist aber genau das ein alt-bewährter Therapieansatz im Umgang mit Ängsten. Stichwort: Konfrontationstherapie. Über diese therapeutische Maßnahme haben Sie auf den vorherigen Seiten bereits gelesen. Sie wird immer in Begleitung von Therapeuten angewandt und von diesen genauestens geplant und an Ihre individuellen Bedürfnisse angepasst. Im kleinen Stil können Sie diese Methode jedoch auch selbst anwenden und die Kraft der Konfrontation nutzen. Zur Überwindung Ihrer Angst sollen Sie diese tatsächlich durchleben. Zugegeben: Der Gedanke daran ist beängstigend, jedoch kann dies ein wichtiger Schritt zum Ziel sein. Auf den folgenden Seiten erfahren Sie, wie Sie sich Schritt für Schritt negativ behafteten Situationen aussetzen können, um die Angst davor zu überwinden. Was erst einmal widersprüchlich klingen mag, ist wissenschaftlich mehrfach bewiesen und seit langer Zeit eine bewährte Methode in der Psychologie. Außerdem erfahren Sie im Folgenden, wie Ihnen auch die Unterstützung von anderen dabei helfen kann, diese Herausforderung zu meistern.

Die Macht der Konfrontation

Wie Sie bereits wissen, können Ängste im wahrsten Sinne des Wortes lähmend sein. Sie hindern uns daran, unser Leben in vollen Zügen zu genießen, und führen dazu, dass wir bestimmten Situationen komplett aus dem Weg gehen. Dies hat nicht nur einen negativen Einfluss auf unser alltägliches Leben, sondern auch zur Folge, dass wir so nie die Gelegenheit bekommen, unsere Ängste zu überwinden und davon überzeugt zu werden, dass die gefürchtete Situation vielleicht doch nur halb so schlimm ist. Aber keine Sorge: Vermeidungsverhalten im Zuge von Ängsten ist erst einmal völlig normal und sogar eine ganz natürliche Reaktion unseres Körpers zum Schutz vor Gefahren. Den-noch hindert uns dieses Verhalten daran, zu lernen, mit unseren Ängsten umzugehen und sie sogar Schritt für Schritt zu überwinden. Mit Hilfe von Konfrontation lernen wir, der Angst ins Auge zu blicken und die negativen Assoziationen, die wir mit bestimmten Situationen verbinden, abzulegen. Dadurch gewinnen wir unsere Handlungsfähigkeit zurück. Natürlich handelt es sich bei der Konfrontation mit Ängsten um einen Prozess. Das heißt: Nach einmaliger Konfrontation wird keine Angst vollständig geheilt sein. Jedoch sind jede Annäherung und jede Auseinandersetzung mit der Angst ein Schritt in die richtige Richtung. In manchen Fällen kann sogar die rein mentale Konfrontation eine große Hilfe sein.

Grundsätzlich gilt jedoch für jede Art der Konfrontation: Betroffene sollten der Konfrontation gegen-über offen und positiv eingestellt sein. Sie müssen die Konfrontation wirklich wollen, um schließlich auch Erfolge verzeichnen zu können. Außerdem sollten sich Betroffene darüber im Klaren sein, dass es sich bei der Konfrontation um einen Lernprozess handelt. Jede einzelne Konfrontation bietet die Möglichkeit, die eigene Angst besser zu verstehen und für sich selbst neue Bewältigungsstrategien zu entwickeln. Und das Allerwichtigste: Selbst, wenn Sie Rückschritte erleben oder „scheitern", dürfen Sie nie den Glauben an sich selbst verlieren. Bleiben Sie sich selbst gegenüber geduldig und freundlich und verlieren Sie niemals den Mut!

Schritt für Schritt zum Ziel

Eine Konfrontation sollte also immer in Etappen erfolgen. Gehen Sie dabei stets behutsam und schrittweise vor. Außerdem ist es sinnvoll, die angstbehafteten Situationen langsam zu steigern. Sprich: Bevor Sie sich direkt einer extremen Angstsituation aussetzen, sollten Sie mit harmloseren Situationen beginnen und sich dann langsam steigern. Hierbei kann eine Skalierung der Angst sinn-voll sein. Möglich wäre auch, die Dauer, der wir uns einer Situation aussetzen, schrittweise zu erhöhen. Auf diese Weise ist es möglich, die Angst langsam und kontrolliert abzubauen und gleichzeitig das eigene Selbstwertgefühl zu steigern.

Empfehlenswert ist hierbei die Erstellung eines Plans. In diesem Plan sollen Sie festhalten, wie Sie schrittweise vorgehen möchten. Bevor Sie beginnen, ins Detail zu gehen, sollten Sie ein klares Ziel formulieren und aufschreiben. Welche Angst möchten Sie konkret loswerden? Vielleicht die Angst davor, in Ihrem Beruf vor größeren Menschengruppen zu sprechen oder eine Präsentation zu halten? Erst im nächsten Schritt können Sie sich nun überlegen, wie Sie sich selbst schrittweise mit dieser Angst konfrontieren können, um Ihnen selbst zu beweisen, dass die Situation nur halb so schlimm ist.

Bevor Sie einen ganzen Vortrag halten, sollten Sie klein anfangen. Nehmen Sie sich zum Beispiel fest vor, beim nächsten Meeting mit Ihren Arbeitskollegen eine Frage vor allen Teilnehmern zu stellen und damit Ihre soziale Angst ein Stück weit zu überwinden.

Wichtig ist zudem, dass Sie auch Ihre Fortschritte gewissenhaft dokumentieren und überprüfen. Wenn Sie feststellen, dass Sie nicht weiterkommen, sollten Sie Ihren Plan überarbeiten und zum Beispiel kleinschrittiger vorgehen.

Um Unterstützung bitten

Wer andere um Unterstützung bittet und erkennt, dass er Hilfe braucht, ist nicht schwach, sondern ziemlich mutig. Es kann gut sein, dass Sie die Konfrontation gerade zu Beginn nicht ohne Unterstützung durchführen möchten – und das ist auch völlig in Ordnung und normal! Sie haben verschiede-ne Möglichkeiten, Unterstützung zu erlangen. Empfehlenswert ist natürlich immer der Schritt zu Ihrem Therapeuten, der Ihnen in allen Belangen mit Rat und Tat zur Seite stehen wird. Hilfreich kann in diesem Fall jedoch auch die Unterstützung durch Freunde und Familie sein. Gerade, wenn es um Konfrontation geht, hilft es sehr, von Außenstehenden ermutigt zu werden, sich seinen Ängsten zu stellen. Möglicherweise können Ihre Freunde bzw. Ansprechpartner auch dabei helfen, positive und geeignete Bewältigungsstrategien zu entwickeln. Außerdem können sie dabei helfen, positive Ziele zu setzen und unseren Plan durchzuziehen. Gerne können Sie Ihren Ansprechpartner auch mit in die Konfrontationssituation nehmen. Hier gilt es, abzuwägen, inwiefern dies sinnvoll und umsetzbar ist. Kurzum: Die Unterstützung durch Dritte kann uns das nötige Vertrauen geben, um die Herausforderung der Konfrontation anzunehmen und unseren Ängsten ins Gesicht zu blicken.

Den positiven Ausgang erleben

Nachdem Sie sich auf den vorherigen Seiten ausgiebig mit der Konfrontation mit Ängsten beschäftigt haben, soll der Fokus nun auf den positiven Ausgang gerichtet werden. Es geht darum, wie es mit Hilfe des Prinzips der Steigerung und durch einfache Übungen möglich wird, positive Erlebnisse zu schaffen, Ängste zu überwinden und das Selbstvertrauen zu steigern.

Das Prinzip der Steigerung

Um den positiven Ausgang zu erlernen, ist es sinnvoll, das Prinzip der Steigerung anzuwenden. Das heißt: Sie sollen lernen, sich langsam an angstbesetzte oder herausfordernde Situationen heranzutasten. Es gilt hierbei dasselbe Prinzip wie bei der Konfrontation: Anstatt sich direkt in extreme Situationen zu stürzen, ist es viel effektiver und sinnvoller, klein anzufangen und sich Schritt für Schritt zu steigern. Am Ende sollte die Erkenntnis stehen: Sie können alles schaffen, was Sie sich vor-nehmen! Die Steigerung des eigenen Selbstwertgefühls sowie eine positive Selbstwirksamkeitserfahrung sind die zentralen Ziele dieses Prinzips.

Positive Erlebnisse durch einfache Übungen schaffen

Positive Erlebnisse begegnen uns in vielen verschiedenen Facetten – nicht immer müssen dahinter so große Dinge wie ein Lottogewinn stecken. Wer mit offenen Augen durch die Welt geht, wird das Positive auch in vielen kleinen Dingen erkennen – auch an sich selbst. Ganz besonders das ist wichtig für das eigene Selbstbewusstsein und schließlich auch für die Überwindung von Ängsten. Die gute Nachricht: Der Blick für positive Erlebnisse kann geschult werden. Wie? Das erfahren Sie jetzt:

Führen Sie ein Erfolgs- und Dankbarkeitstagebuch

Halten Sie schriftlich fest, was Ihnen heute gut gelungen ist. Tatsächlich schaffen Sie so nämlich ein ganz anderes Bewusstsein für Ihre eigenen Erfolge. Schenken Sie sich selbst die Wertschätzung und Anerkennung, die Sie verdienen, und seien Sie stolz auf jeden noch so kleinen Erfolg. Was Sie als Erfolg definieren oder wahrnehmen, bleibt dabei übrigens Ihnen überlassen. Sie sind heute an einem Hund vorbeigelaufen, ohne in Panik auszubrechen? Super! Oder haben Sie sich getraut, einem Mitmenschen ein nettes Kompliment zu machen, und damit Ihre Sozialangst über-wunden? Was für ein toller Erfolg!

Ergänzend hierzu können Sie täglich kleine oder auch große Dinge notieren, für die Sie dankbar sind, denn Sie wissen ja, wie machtvoll die Schwingung von Dankbarkeit ist. Sie lernen mit Hilfe dieser Übung, auch in unscheinbaren Dingen etwas Positives zu erkennen, für das man dankbar sein sollte.

Nehmen Sie sich Zeit für sich selbst

Was selbstverständlich klingt, ist für die meisten Menschen leider alles andere als das. Häufig kommt die sogenannte „Me-Time" im stressigen Alltag viel zu kurz – dabei ist sie so wichtig. Selbst-bewusste Menschen haben nämlich eine Sache gemeinsam: Sie kennen sich selbst extrem gut. Sie wissen ganz genau, was sie wollen, was ihnen guttut und wo ihre Fähigkeiten und Talente liegen. Und das Wichtigste: Sie handeln auch völlig in Einklang mit Ihren inneren Werten. Versuchen Sie, sich davon eine Scheibe abzuschneiden und sich selbst besser kennenzulernen, indem Sie öfter bewusst innehalten, um in sich hineinzuhören.

Machen Sie Komplimente

Hand aufs Herz: Wann haben Sie zuletzt einer Person ein Kompliment gemacht? Versetzen Sie sich in diesen Moment zurück und überlegen Sie: Wie hat sich das angefühlt? Erinnern Sie sich noch an das Lächeln, das Sie im Gegenzug von Ihrem Gegenüber bekommen haben? Das Schöne an Komplimenten ist, dass Sie nicht nur das Selbstwertgefühl Ihres Gegenübers steigern, sondern auch Ihr eigenes. Komplimente zu machen ist der einfachste Weg, Positivität in die Welt zu tragen und sich selbst mit Energie und Selbstliebe aufzuladen.

Lassen Sie sich inspirieren

Wer ist die selbstbewussteste und mutigste Person, die Sie kennen? Genau die Person, die Ihnen jetzt in den Sinn gekommen ist, sollten Sie sich in Sachen Selbstbewusstsein zum Vorbild nehmen. Lassen Sie sich von dieser Person inspirieren und fragen Sie sich: Was macht diese Person so selbstbewusst? Was kann ich von dieser Person lernen? Was haben wir bereits gemeinsam?

Aber Vorsicht: Sich inspirieren zu lassen, bedeutet nicht, sich ständig mit anderen zu vergleichen. Während Inspiration nämlich etwas Positives ist, ist das ständige Vergleichen mit anderen Personen extrem schädlich für das eigene Selbstwertgefühl. Akzeptieren Sie, dass Sie einzigartig sind und sich mit niemandem messen oder vergleichen müssen. Sich von anderen Menschen auf eine positive Art und Weise inspirieren zu lassen, ist hingegen hilfreich und wünschenswert.

Jeden Tag eine gute Tat

Eine Studie des Journal of Happiness konnte belegen, dass es einen starken Zusammenhang zwischen selbstlosen Taten und dem eigenen Selbstwertgefühl gibt. Das heißt: Um das eigene Selbst-wertgefühl zu steigern, muss sich nicht zwingend immer alles nur um einen selbst drehen. Manch-mal kann es auch hilfreich sein, den Blick nach außen zu richten und zu versuchen, jeden Tag eine gute Tat zu vollbringen. Wie wäre es zum Beispiel mit einem netten Kompliment an einen Mitmenschen, das diesem ein Lächeln ins Gesicht zaubert? Eine gute Tat ist es auch, wenn Sie eine leere Plastikverpackung, die auf der Straße liegt, aufheben und in den nächsten Mülleimer schmeißen oder einer Person die Tür aufhalten. Versuchen Sie einfach, mit offenen Augen durch den Tag zu gehen, und Sie werden zahlreiche Möglichkeiten entdecken, gute Taten zu vollbringen.

Zusammenfassend lässt sich festhalten, dass die Steigerung des Selbstbewusstseins ein wichtiger Schritt im Kampf gegen übergroße Ängste sein kann. Wir bekommen dadurch das Gefühl, unser Leben selbst in der Hand zu haben, und fühlen uns diversen Situationen nicht hilflos ausgesetzt. Durch die Stärkung unseres Selbstbewusstseins wird auch unsere Selbstwirksamkeit gesteigert, also die Überzeugung davon, dass wir Herr unseres Lebens sind – auch in Bezug auf unsere Ängste. All diese Erkenntnisse sind wichtige Werkzeuge im Umgang mit Angst und auf dem Weg zu einem erfüllten Leben. Um den Aspekt der Selbstwirksamkeit geht es im Folgenden noch ausführlicher.

SELBSTWIRKSAMKEIT ERFAHREN

Ein zentrales Problem der Angst ist, dass man sich ihr meist hilflos ausgesetzt fühlt. Dass das nicht so ganz stimmt und es zahlreiche Mittel und Wege gegen Angststörungen gibt, haben Sie im Laufe dieses Buches gelernt. Dennoch sind wir uns oft gar nicht bewusst, welch großen Einfluss wir selbst tatsächlich auf gewisse Dinge haben können. In den 60er Jahren haben Wissenschaftler erstmals intensiver erforscht, wie unser Denken und Handeln durch unsere eigenen Überzeugungen beeinflusst werden. Die Ergebnisse der Forschung waren erstaunlich: Die Forscher fanden heraus, dass die meisten Menschen überhaupt nur dann eine Handlung aufnehmen, wenn sie von vornherein davon überzeugt sind, dass sie diese Handlung erfolgreich ausführen werden. Dadurch wurde deutlich, wie stark der Mensch von dem Glauben an seine eigenen Fähigkeiten abhängig ist. Wer also etwas erreichen möchte, benötigt erst einmal das nötige Vertrauen in sich selbst, um überhaupt einen ersten Schritt zu machen. Genau das gilt natürlich auch in Bezug auf unsere Ängste. Die Überzeugung, dass Sie Ihre Ängste in den Griff bekommen können, ist grundlegend für Ihren Erfolg. Wer nicht an sich selbst glaubt, hat im Kampf gegen übergroße Ängste schlechte Karten. Aus diesem Grund ist es wichtig, sich auch mit der eigenen Selbstwirksamkeit, also dem Vertrauen in die eigenen Fähigkeiten, auseinanderzusetzen. Hilfreiche Übungen und Tipps, um die Selbstwirksamkeit noch weiter auszubauen, erfahren Sie im Folgenden.

4 Quellen der Selbstwirksamkeit

Unsere Selbstwirksamkeit setzt sich aus folgenden 4 Quellen zusammen und kann im Umkehr-schluss auch dadurch gestärkt werden:

1. Körperliche Zustände

Vertrauen Sie Ihrem eigenen Körper und beginnen Sie, körperliche Symptome als etwas Hilfreiches zu werten. Wenn Ihr Körper zum Beispiel in einer stressigen Situation mit Anspannung und Herzrasen reagiert, haben Sie zwei Möglichkeiten: Entweder werten Sie diese Symptome als Anzeichen eines möglichen Scheiterns oder aber Sie interpretieren sie als positive Erregung, die Ihnen hilft, in der Stresssituation klarzukommen. Lernen Sie, Ihrem Körper zu vertrauen und körperliche Reaktionen positiv einzuschätzen.

2. Soziale Bestätigung
Einen großen Teil unserer Selbstwirksamkeit gewinnen wir durch Bestätigung von außen. Setzen Sie deswegen auf Unterstützung Ihres sozialen Umfeldes.

3. Modelllernen
Auch das Beobachten anderer Personen ist essentiell für unsere Selbstwirksamkeit. So kann es uns zum Beispiel selbst ermutigen, wenn wir eine Person beobachten, die besonders mutig oder motiviert ist. Solche Personen können wir uns zum Vorbild nehmen und uns von diesen inspirieren lassen.

4. Eigene Erfahrungen
Der allerwichtigste Baustein für die eigene Selbstwirksamkeit ist und bleibt jedoch der eigene Erfahrungsschatz. Wer die Erfahrung gemacht hat, ein Vorhaben erfolgreich in die Tat umgesetzt zu haben, steigert damit sein Selbstwertgefühl und sein Vertrauen in die eigenen Fähigkeiten ungemein. Jeder kleine Schritt auf dem Weg zum richtigen Umgang mit Ihren Ängsten ist also wichtig, um Ihre Selbstwirksamkeit zu steigern. Dadurch gewinnen Sie immer mehr Selbstbewusstsein und Vertrau-en in sich selbst und werden im Kampf gegen Ihre Ängste immer besser und stärker voranschreiten können.

Im Folgenden finden Sie einfache Übungen, die Ihre Selbstwirksamkeit erhöhen.

Übung 1: Meine Stärken
Legen Sie Ihren Fokus auf Ihre Stärken – weg von möglichen Schwächen! Beschäftigen Sie sich im Alltag mit Dingen, die Sie gut können. Dadurch erfahren Sie Bestätigung und eine Steigerung des Selbstwertgefühles. Gerne können Sie Ihre persönlichen Stärken auch aufschreiben. Gehen Sie hierzu tief in sich – Sie werden staunen, welche Stärken in Ihnen schlummern! Gerne können Sie hierzu auch Personen aus Ihrem Umfeld befragen.

Übung 2: Selbstmotivation
Manchmal fehlt es uns nicht an Fertigkeiten und Fähigkeiten, sondern einfach nur an dem Mut und der Motivation, Dinge anzupacken. Lernen Sie daher, sich selbst zu ermutigen und zu motivieren. Hierzu nutzen Sie am besten positive Affirmationen, die Sie sich immer wieder ins Bewusstsein rufen: „Ich kann das!“, „Ich schaffe das!“, „Ich bin stark!“, „Nichts kann mich aufhalten!“ Denken Sie zudem an das schöne und bestätigende Gefühl, nachdem man etwas geschafft hat. Sie sollten zwar nicht ausschließlich mit Belohnungen arbeiten, allerdings ist es ab und an auch erlaubt, sich als Motivation eine kleine Belohnung in Aussicht zu stellen, zum Beispiel Ihr Lieblingsdessert oder eine wohltuende Massage.

Übung 3: Selbstreflexion

Dass im Leben nicht immer alles so läuft, wie geplant, ist völlig normal. Wichtig ist nur, dass mit Misserfolgen konstruktiv umgegangen und darüber reflektiert wird. Die goldene Regel lautet hierbei: Beziehen Sie Misserfolge nie auf sich als Person – das hat nämlich einen negativen Effekt auf das Selbstkonzept. Versuchen Sie stattdessen, Taten, bei denen etwas schiefgelaufen ist, getrennt von der Persönlichkeit zu betrachten und zu analysieren. Das hilft Ihnen dabei, die Selbstwirksamkeit zu erhalten.

Insgesamt ist der wohl wichtigste Faktor in Bezug auf Ihre Selbstwirksamkeit die Erkenntnis, dass Sie durchaus in der Lage sind, Dinge zu beeinflussen und Ihr Leben in eine positive Richtung zu steuern. Sie sind gewissen Dingen, wie zum Beispiel Ihrer Angst, nicht hilflos ausgesetzt. Im Gegen-teil: Es liegt an Ihnen, diese Probleme aktiv anzugehen und eine Veränderung zu bewirken. Dadurch können Sie übrigens eine positive Wechselwirkung auslösen: Wer sich selbst als selbst-wirksam erlebt, steigert sein Selbstwertgefühl und wird sich mehr Dinge zutrauen. Dadurch werden auch viel mehr Dinge gelingen und mehr Erfolgserlebnisse eintreten, was die Selbstwirksamkeit nur noch weiter steigert.

Hilfe zur Selbsthilfe III: Stabilisierungsphase

Sie haben nun ein breites Spektrum an Methoden und Möglichkeiten an der Hand, um gegen Ihre Angststörung vorzugehen. Nun ist es wichtig, dass dieses Wissen nicht in diesem Buch verstaubt, sondern tatsächlich von Ihnen angewandt und umgesetzt wird. Natürlich müssen Sie nicht alles direkt auf einmal umsetzen – das wäre so auch gar nicht möglich. Nehmen Sie sich intensiv Zeit, um herauszufinden, welche Methoden Sie für sich selbst als hilfreich empfinden und in Ihren Alltag integrieren möchten – gerne natürlich auch in Rücksprache mit Ihrem Therapeuten. Die Ansätze und Methoden in diesem Ratgeber sind so gewählt, dass Sie sich allesamt gut ergänzen und kombinieren lassen. Wie Sie aber bereits wissen, ist jede Angststörung extrem individuell. Dementsprechend bedarf es auch einer individuellen Kombination der Methoden, um gegen sie vorzugehen. Hilfreich kann es auch sein, verschiedene Methoden über einen längeren Zeitraum auszuprobieren, um für sich selbst herauszufinden, was hilfreich ist oder welche Methode für sich selbst noch angepasst werden sollte. Doch egal, für welche Methodenkombination Sie sich entscheiden, wichtig ist, dass Sie diese in Ihren Alltag integrieren und zu einem festen Bestandteil in Ihrem Leben werden lassen. Viele Methoden gehen mit einem Lernprozess einher, das heißt: Sie funktionieren nicht von heute auf morgen, sondern erst im Laufe einer gewissen Zeit, wenn der Körper gelernt hat, sie zu verinnerlichen. Etablieren Sie also die erlernten Methoden und schaffen Sie daraus positive Routinen, die Sie beruhigen und Ihnen Kraft schenken. Wertvolle Tipps für den Alltag finden Sie in diesem Kapitel.

Persönliche Routinen

Das Etablieren von Routinen in unseren Alltag kann einen unfassbar großen Einfluss auf unser Wohlbefinden und unsere Lebensqualität haben. Dabei ist es ganz egal, um welche Art der Routine es sich handelt – wichtig ist, dass Sie diese regelmäßige Gewohnheit routinemäßig in Ihren Alltag integrieren und dadurch Sicherheit, Stabilität und Struktur gewinnen. Gerade in diesen schnelllebigen Zeiten, in denen oftmals Stress und Hektik unseren Alltag bestimmen, ist das enorm wichtig. Im Folgenden finden Sie einige Schritte, die Ihnen aufzeigen, wie Sie Routinen zur Bewältigung von Angst in Ihren Alltag integrieren und etablieren können.

Schritt 1: Die bewusste Entscheidung

Grundlegend ist zunächst die bewusste Entscheidung für eine Auswahl an Übungen und Methoden, die Sie in Ihrem Alltag etablieren möchten. Sie sollten hierbei auf eine Integration von Achtsamkeits- und Selbstwirksamkeitsübungen achten. Gehen Sie in sich und treffen Sie eine bewusste Entscheidung darüber, welche Methoden und Übungen für Sie am passendsten sind und welche Sie vor allem auch regelmäßig praktizieren möchten und können.

Schritt 2: Zeitplan erstellen

Erstellen Sie, ausgehend von der eben getroffenen Auswahl, eine tägliche Agenda, die Ihnen bei der Durchsetzung Ihrer Routinen hilft. Sie können eine Art Tagesablauf aufschreiben und überlegen, wann Sie währenddessen die Zeit und Kapazität haben, Übungen zu integrieren. Seien Sie hierbei ehrlich zu sich selbst: Ist es wirklich realistisch, während der Mittagspause eine Übung entspannt durchzuführen? Die meisten Routinen bieten sich an, auf den Morgen, als kraftvollen Start in den Tag, oder Abend, als friedvollen Abschluss, verlegt zu werden. Natürlich entscheiden aber letztendlich Sie, was für Ihre Bedürfnisse am besten passt.

Schritt 3: Kontinuität und Konsequenz

Der wichtigste Schritt ist nun natürlich die Umsetzung Ihres erstellten Plans. Anfangs werden Sie noch häufig auf den Plan schauen müssen – je mehr Zeit jedoch vergeht, desto mehr werden Sie Ihre Routinen verinnerlichen und ganz automatisch „abspulen". Wichtig ist hierbei jedoch, dass Sie wirklich dranbleiben und Ihre Übungen konsequent durchziehen. Es kann durchaus hilfreich sein, sich hierfür Alarme oder Wecker einzurichten, die einen erinnern. Behalten Sie dabei stets Ihr über-geordnetes Ziel im Auge und erhalten Sie so Ihre Motivation aufrecht.

Schritt 4: Flexibilität und Anpassung

Natürlich ist es auch möglich, Ihre Routinen nach Bedarf anzupassen oder abzuändern. Oftmals ist das Leben unvorhersehbar und es kann durchaus zu Situationen kommen, in denen Sie Ihre Routinen einfach nicht wie geplant durchführen können. Seien Sie in solchen Situationen nicht zu streng mit sich selbst, sondern flexibel und anpassungsfähig. Es kann zudem auch sein, dass Sie feststellen, dass Sie mit einer bestimmten Routine einfach nicht zurechtkommen. Es ist in Ordnung, diese dann anzupassen oder nach Ihren Bedürfnissen abzuändern.

Schritt 5: Belohnung und Selbstpflege

Vergessen Sie nie, Ihre Arbeit und Ihre Mühen wertzuschätzen. Es ist nicht selbstverständlich, dass Sie so hart an sich arbeiten. Jeder kleine Fortschritt darf und soll gefeiert werden! Nehmen Sie sich zudem auch immer ausreichend Zeit für Selbstpflege und Entspannung. Sie sollten nämlich nie vergessen, sich gut um sich selbst zu kümmern. Am besten etablieren Sie den Punkt „Selbstfürsorge" direkt groß und unübersehbar in Ihrem Routine-Plan.

Beispiel: Morgenroutinen

Ein besonders guter Zeitpunkt zur Durchführung von Routinen ist der Morgen des Tages. Dies hat gleich mehrere Gründe: Zum einen haben Sie am Morgen Zeit, Übungen durchzuführen. Sie sind ungestört und ausgeruht und haben die nötige Energie. Zum anderen können Sie am Morgen bereits einen großen Einfluss auf den restlichen Verlauf des Tages nehmen. Wenn Sie gut in den Tag starten, kann der restliche Tag auch nur gut werden. Sie legen also am Morgen den Grundstein für einen erfolgreichen Tag. Daher sollten die Morgenstunden gut genutzt werden.

Sie könnten Ihre Morgenroutine zum Beispiel so gestalten: Beginnen Sie mit einer kurzen Reflexion und Dankbarkeit. Nehmen Sie sich einen Moment Zeit, um zu überlegen, wofür Sie heute dankbar sind. Anschließend gehen Sie über zu einer Achtsamkeitsübung, bei der Ihr Atem im Fokus steht. Sie kommen so zur Ruhe und sammeln Energie für den restlichen Tag. Außerdem können Sie so Ihr Selbstvertrauen stärken. Abschließend nutzen Sie die verbleibende Zeit, um positive Erlebnisse zu visualisieren und mit Ihren positiven Affirmationen zu unterstreichen. Bereiten Sie sich so auf die bevorstehenden Herausforderungen des Tages vor.

Angstfrei durch den Alltag

In diesem Kapitel finden Sie nochmals kurz und kompakt 7 wertvolle Tipps für einen angstfreien Alltag. Diese Tipps können Sie sich gerne ausdrucken und bei sich tragen, um bei Bedarf einen Blick darauf zu werfen.

Achtsamkeit praktizieren: Um Ihre Gedanken und Gefühle bewusst wahrzunehmen und im Hier und Jetzt zu leben, sollten Sie regelmäßig Achtsamkeitsübungen praktizieren. Dies kann auch in Situationen helfen, in denen Sie sich stark gestresst oder überfordert fühlen. Achten Sie dabei ganz bewusst auf Ihre Atmung, auf Ihre Sinneseindrücke oder auf Ihre Gedanken. Wichtig ist hierbei jedoch, dass keine Beurteilung dieser stattfindet. Nehmen Sie sie wahr und lassen Sie sie weiterziehen. Lernen Sie so auch, Ihre Ängste zu erkennen und ihnen mit (mehr) Achtsamkeit zu begegnen.

Negative Gedanken umformulieren: Häufig tendieren wir leider dazu, die Welt um uns herum negativ zu betrachten. Versuchen Sie für ein positiveres Weltbild unbedingt, negative Gedanken-muster zu erkennen und umzukehren. Versuchen Sie, stets positive und konstruktive Gedanken zu entwickeln, anstatt sich immer nur auf das Schlimmste zu konzentrieren. Fangen Sie auch an, Ihre Ängste zu hinterfragen: Sind sie wirklich begründet? Oder gibt es auch alternative, optimistischere Perspektiven?

Entspannungstechniken anwenden: Gerade dann, wenn Sie merken, dass Ängste im Anmarsch sind oder Sie besonders gestresst und angespannt sind, sollten Sie auf Entspannungstechniken zurückgreifen. Wenden Sie zum Beispiel Meditation oder Muskelentspannung an, um Ihren kompletten Körper zu beruhigen. Vor allem eine regelmäßige Anwendung solcher Verfahren hat einen höchst positiven Einfluss auf unsere Gesundheit.

Sich auf das Hier und Jetzt konzentrieren: Zugegeben – es ist leichter gesagt als getan, aber versuchen Sie, zu vermeiden, über vergangene oder zukünftige Szenen zu grübeln. All diese Szenarien liegen nämlich gerade nicht in Ihrem Einflussbereich. Konzentrieren Sie sich stattdessen auf das Hier und Jetzt und all die Dinge, die Sie kontrollieren können. Sie können dadurch Ihre Ängste reduzieren und mehr Zufriedenheit erlangen. Auch hierfür eignet sich die 5-Finger-Methode, die in diesem Ratgeber bereits beschrieben wurde. Alternativ helfen auch Affirmationen wie „Ich lege meinen Fokus auf die Dinge, die ich beeinflussen kann. Ich akzeptiere all die Dinge, die außerhalb meines Einflussbereiches liegen", die Sie sich immer wieder laut oder in Gedanken aufsagen.

Soziale Unterstützung suchen: Vergessen Sie nie – Sie sind nicht allein! Und durch manche Situationen und Herausforderungen müssen Sie auch nicht alleine gehen. Schrecken Sie daher nicht davor zurück, sich Unterstützung zu suchen. Allein der Austausch mit anderen kann dabei helfen, die eigene Perspektive zu relativieren oder neue Perspektiven zu gewinnen. Nehmen Sie Hilfe also unbedingt an!

Grenzen setzen: Lernen Sie sich und Ihre eigenen Grenzen besser kennen und natürlich auch, diese zu respektieren. Es ist durchaus erlaubt, zu gewissen Situationen oder Verpflichtungen, die Sie überfordern oder Ihnen Angst machen, auch mal Nein zu sagen! Manchmal müssen Sie sich selbst auch schützen und für Sie und Ihre Bedürfnisse einstehen.

Positive Selbstgespräche: Es gibt gewisse Dinge, die wir aus Höflichkeit niemals zu anderen sagen würden. Mit uns selbst reden wir häufig aber ganz unverblümt und alles andere als nett und höflich. Dabei sollten wir gerade im Gespräch mit uns selbst auf einen positiven und wertschätzen-den Umgang achten! Versuchen Sie also in Zukunft, positive Selbstgespräche zu führen, in denen Sie sich Mut zusprechen und sich wertschätzen.

Keine Panik bei Angst

Es gibt zahlreiche Methoden gegen die Angst – und doch wird uns dieses Gefühl immer wieder begegnen. Das ist auch gut so und nicht vermeidbar. Es gibt nämlich Mittel und Wege, um mit Angst gut umzugehen und nicht direkt in Panik zu verfallen. Ein wichtiges Instrument hierfür ist die sogenannte Achtsamkeitsmeditation, bei der es darum geht, die Angst möglichst neutral als Gefühl wahrzunehmen und sich anschließend wieder von diesem Gefühl zu entkoppeln.

Wie das genau funktioniert, erfahren Sie jetzt.

- **Sich dem Gefühl stellen**

Anstatt das Gefühl der Angst zu unterdrücken, sollten Sie versuchen, es vorsichtig, aber bewusst wahrzunehmen und als Teil Ihres gegenwärtigen Erlebens zu akzeptieren. Setzen Sie sich hierfür gerne hin und erlauben Sie sich, ganz ohne Beurteilung oder Bewertung Ihr Gefühl zu erkunden.

- **Den Atem als Anker nutzen**

Um im gegenwärtigen Moment präsent zu bleiben, sollten Sie Ihren Atem als Anker benutzen. Konzentrieren Sie sich auf diesen, um den Moment unter Kontrolle zu behalten. Sobald Ihre Gedanken zur sehr abschweifen oder einen wertenden Charakter erhalten, sollten Sie Ihren Fokus zurück auf Ihren Atem legen.

- **Die Angst als vorübergehendes Gefühl betrachten**

Behalten Sie stets im Kopf: Die Angst ist vorübergehend. Sie kommt und sie geht. Sie können sich Ihre Angst wie Wolken am Himmel vorstellen, die vorbeiziehen, ohne dass Sie daran festhalten müssen. Diese Art der Betrachtung erleichtert Ihnen den Umgang mit Ihrer Angst.

- **Selbstmitgefühl kultivieren**

Seien Sie nicht zu streng zu sich selbst – vor allem nicht im Umgang mit Angst. Sprechen Sie mit sich selbst stets respekt- und liebevoll und zeigen Sie sich selbst gegenüber auch ein gesundes Ausmaß an Mitgefühl. Erinnern Sie sich stets daran, dass es in Ordnung ist, Ängste zu haben. Am besten behandeln Sie sich einfach so, wie Sie auch einen guten Freund behandeln würden, der sich in einer schwierigen Situation befindet.

- **Den Fokus auf den gegenwärtigen Moment richten**

Vermeiden Sie es, mit den Gedanken zu sehr abzuschweifen und damit Ihre Angst zu verstärken. Nutzen Sie weiterhin Ihren Atem, um im Hier und Jetzt zu bleiben.

- **Die Angst mit Distanz betrachten**

Versuchen Sie, in Bezug auf Ihre Angst eine andere Perspektive einzunehmen und diese aus einer gewissen Distanz heraus zu beobachten. Auch hierbei sollten Sie kein Urteil fällen, sondern einfach nur wahrnehmen. Diese neugewonnene Distanz kann Ihnen jedoch dabei helfen, eine weniger emotional belastete Beziehung zu Ihrer Angst aufzubauen.

- **Die Achtsamkeitspraxis regelmäßig pflegen**

Diese kleine Achtsamkeitsübung sollten Sie zu einem festen Bestandteil Ihrer Routine werden las-sen. So können Sie die positiven Effekte verstärken und Ihren Umgang mit Angst positiv beeinflussen. Je öfter Sie die Übung praktizieren, desto weniger Angst wird Ihnen Ihre eigene Angst auf Dauer machen können.

Meditation: Achtsamkeit

Audiodatei 1

Begeben Sie sich an einen Ort, an dem Sie sich wohlfühlen und entspannen können, und machen Sie es sich bequem. Schließen Sie die Augen und konzentrieren Sie sich auf Ihren Atem. Atmen Sie tief durch die Nase ein und lange durch den Mund aus. Mit jedem Atemzug werden Sie ruhiger und entspannter. Wir begeben uns nun auf eine kleine Fantasiereise. Vor Ihrem geistigen Auge sehen Sie einen langen Wanderweg. Er ist umgeben von grünem Gras, bunten Blumen und großen Bäumen. Am Himmel ist keine einzige Wolke zu sehen und die Sonne scheint. Es ist ein wunder-schöner Frühlingstag und sie spüren die Wärme der Sonne auf Ihrer Haut. Ein leichter Wind weht durch Ihr Haar. Sie hören die Vögel zwitschern und riechen den Wald und die Natur. Halten Sie kurz inne und schauen Sie sich um. Sie haben große Lust, ein Stück dieses Weges zu gehen. In Ihren Händen befindet sich jedoch ein kleines Paket. Sie haben es zuvor gar nicht wahrgenommen – doch da ist es: klein und kompakt, aber dennoch sehr schwer. Den Weg mit diesem Paket zu gehen, wäre zwar möglich, jedoch würde es Sie sehr viel Kraft kosten und Sie könnten nur sehr langsam gehen. Sie spüren, wie das Paket immer schwerer wird. Auch Ihre Arme werden schwer. Sie stehen nun vor der Entscheidung: Nehme ich dieses Paket mit auf meine Reise? Oder lasse ich es hinter mir?

Das Paket steht für Ihre Angst, die genauso schwer auf Ihren Schultern lastet wie dieses Päckchen. Zwar ist es möglich, mit dieser Angst durchs Leben zu gehen, allerdings macht sie alles viel schwerer und anstrengender.

Sie beschließen schließlich, das Päckchen nicht mitzunehmen. Sie legen es hinter sich ab und spüren eine große Erleichterung. Sie fühlen, wie Sie plötzlich wieder Kraft in Ihren Armen haben. Sie fühlen sich leicht und unbeschwert. Sie setzen Ihren Weg nun fort und blicken nicht mehr zurück. Das schwere Paket liegt hinter Ihnen, wo es Sie auf Ihrem Weg nicht mehr belasten kann und von einem weiß-goldenen Licht transformiert wird. Sie spüren eine völlig neue Energie. Sie fühlen sich leicht und frei. Genießen Sie dieses Gefühl und verweilen Sie noch etwas in diesem Zustand. Achten Sie dabei auf eine ruhige und ausgeglichene Atmung. Wenn Sie sich bereit dazu fühlen, öffnen Sie vorsichtig Ihre Augen und kommen wieder im Hier und Jetzt an.

Exkurs: Lifestyle und Ernährung bei Panikstörungen

Einen nicht zu unterschätzenden Einfluss auf unser allgemeines Wohlbefinden und damit auch unsere Ängste haben unser Lifestyle und unsere Ernährung. Wer auf sich achtet, sich gesund und bewusst ernährt und einen gesunden Lifestyle pflegt, tut nicht nur seiner körperlichen, sondern auch seiner mentalen Gesundheit etwas Gutes. Von einem gesunden Lifestyle profitieren Sie auf ganzer Linie: Sie fühlen sich besser, sind leistungsstärker, ausgeglichener, gesünder und letztendlich auch glücklicher. Das macht natürlich auch etwas mit Ihrem Hormonhaushalt. Genauer gesagt kann ein gesunder Lifestyle dazu führen, dass Sie insgesamt weniger Stresshormone produzieren und aus-geglichener sind. Dies hat auch positive Auswirkungen auf Ihre Panikstörung.

Einen besonders großen Einfluss auf unsere Psyche hat unsere Darmgesundheit, die wir durch eine gesunde Ernährung aktiv beeinflussen können. Doch wie hängen Darm und Psyche genau zusammen?

Der Zusammenhang zwischen Darm und Psyche wird oft als Darm-Hirn-Achse bezeichnet und beschreibt die komplexe Verbindung zwischen dem Verdauungssystem und dem Gehirn. Diese Verbindung basiert auf einem komplexen Netzwerk von Nerven, Hormonen und Immunzellen, das Informationen zwischen Darm und Gehirn austauscht.

Eine gesunde Darmflora, bestehend aus einer Vielzahl von Mikroorganismen, ist entscheidend für das reibungslose Funktionieren der Darm-Hirn-Achse. Störungen in der Darmflora, wie zum Bei-spiel eine Dysbiose, können das Gleichgewicht dieses Systems stören und zu verschiedenen gesundheitlichen Problemen führen, einschließlich psychischer Beschwerden wie Angstzuständen und Depressionen.

Durch eine gesunde Ernährung, die reich an Ballaststoffen, probiotischen Lebensmitteln und präbio-tischen Nahrungsmitteln ist, kann die Darmgesundheit gefördert werden. Probiotika sind lebende Mikroorganismen, die die Darmflora unterstützen, während präbiotische Lebensmittel die Wachstumsbedingungen für nützliche Bakterien im Darm verbessern. Eine ausgewogene Ernährung, die den Darm unterstützt, kann somit indirekt auch die psychische Gesundheit positiv beeinflussen.

Was im Rahmen eines gesunden Lifestyles außerdem nicht unterschätzt werden darf: Ein gesunder Lifestyle wird geprägt durch Rituale. Und genau diese Rituale sind nachweislich gut für uns. Sie geben uns nämlich Sicherheit und Stabilität – und das in jeder Lebensphase. Tatsächlich suchen wir im Alltag sogar unterbewusst nach Ritualen, also nach sich immer wiederholenden Abläufen, nach Ähnlichkeiten und nach Strukturen, an denen wir festhalten können. Im Folgenden erhalten Sie Ratschläge und Tipps, wie Sie Ihren Alltag gesund und routiniert gestalten und damit auch gegen Ihre Panikstörung vorgehen können.

Der Zusammenhang zwischen Blutzucker und dem Stresshormon Cortisol

Stress kann sich auf vielfältige Art und Weise auf unseren Körper auswirken. Was viele Personen jedoch nicht wissen: Stress hat auch einen enormen Einfluss auf unseren Blutzuckerspiegel und damit auch auf die Ausschüttung des Stresshormons Cortisol. Dieses wird ganz besonders in stressigen Situationen vom Körper ausgeschüttet. Dabei hat das Hormon eine komplexe Wirkung auf den Stoffwechsel und die Regulierung des Blutzuckerspiegels. Cortisol hemmt zum einen die Wirkung von Insulin – also dem Hormon, das den Blutzuckerspiegel wieder senkt. Zum anderen wird durch die Cortisol-Ausschüttung die Produktion von Glukose im Körper aktiviert, wodurch die Frei-setzung von Zucker aus den Speicherorganen des Körpers gefördert wird.
Durch diese Veränderungen im Blutzuckerspiegel kommt es zu vielfältigen Veränderungen im Kör-per. So ist es zum Beispiel möglich, dass Sie sich plötzlich sehr müde und ausgelaugt fühlen. Viele Betroffene beschreiben auch ein Gefühl der Reizbarkeit oder Erschöpfung. Außerdem gehen die Veränderungen des Blutzuckerspiegels oft mit Heißhungerattacken einher. Der Grund hierfür: Der Körper sucht aufgrund des erhöhten Blutzuckerspiegels nach einem Ausgleich, den er beispielsweise in dem Verlangen nach Kohlenhydraten findet.

Dieser Umstand ist übrigens auch ein entscheidender Faktor, der gegen hochverarbeitete und stark zuckerhaltige Produkte spricht: Durch ungesunde Lebensmittel, wie zum Beispiel stark gesüßte Softdrinks, wird der Blutzuckerspiegel schlagartig in die Höhe getrieben, was zu Heißhungerattacken, Erschöpfung und noch viel mehr führen kann. In der Summe lässt sich also festhalten: Stress ist für den Körper gewissermaßen „Gift". Er wirkt sich sofort negativ auf Ihren Blutzuckerspiegel aus und bringt einige negative Begleiterscheinungen mit sich. Diese haben wiederum zur Folge, dass Sie sich alles andere als gut fühlen. Dadurch können Sie auch schwierige und herausfordernde Situationen in Ihrem Alltag schlechter meistern. Natürlich betrifft das auch Ihre Ängste. In Stresssituationen können Sie sowohl mental als auch körperlich schlechter mit Ihren Ängsten umgehen. Die Wahrscheinlichkeit, dass sich in einer solchen Situation aus einer anbahnenden Angst eine Panikattacke entwickelt, wird dadurch drastisch erhöht. Das bedeutet also: Nicht nur zur Bewältigung Ihrer Ängste, sondern ganz allgemein Ihrer Gesundheit zuliebe sollten Sie auf die Vermeidung von Stress im Alltag achten. Doch was können Sie aktiv dafür tun? Um unerwünschte Ausschläge im Blutzucker zu vermeiden und auch die negativen Auswirkungen von Stress auf den Stoffwechsel zu minimieren, können folgende Strategien sehr hilfreich sein:

- **Stressmanagement**

Die effektivste Methode zur Bekämpfung von Stress ist die Anwendung gezielter Stressmanagementtechniken. Dadurch kann der Einfluss von Stress auf den Blutzuckerspiegel gezielt reduziert werden. Bewährte Stressmanagementtechniken sind Meditation, Yoga, Atemübungen und progressive Muskelentspannung. All diese Techniken helfen Ihnen, Ihren Alltag entspannt zu meistern und mit Stress besser umgehen zu können. Dadurch senken Sie ganz gezielt Ihren Cortisolspiegel und bringen Ihren Körper in einen entspannten Zustand.

- **Regelmäßige Bewegung**

Auch körperliche Aktivität kann dazu beitragen, Stress abzubauen und dadurch den Blutzucker-spiegel zu regulieren. Als effektiv haben sich hierbei sowohl Ausdauer- als auch Krafttraining erwiesen. Wichtig ist, dass Sie sich wirklich regelmäßig bewegen. Übrigens: Bewegung können Sie auch ganz einfach in Ihren Alltag integrieren, indem Sie zum Beispiel einfach einmal auf den Lift verzichten oder eine Haltestelle früher aussteigen und den restlichen Weg zu Fuß laufen.

- **Gesunde Ernährung**

Eine wichtige Rolle für die Reduzierung von Stress spielt natürlich auch die Ernährung. Diese sollte reich an ballaststoffreichen Kohlenhydraten, mageren Eiweißen und gesunden Fetten sein. Dadurch tragen Sie aktiv dazu bei, Ihren Blutzuckerspiegel stabil zu halten. Um zu starke Schwankungen im Blutzuckerspiegel zu vermeiden, sollten Sie außerdem auf stark verarbeitete und zuckerhaltige Lebensmittel weitestgehend verzichten.

- **Ausreichend Schlaf**

Auch Schlafmangel kann den Cortisolspiegel erhöhen und damit den Stoffwechsel negativ beeinträchtigen. Achten Sie also unbedingt darauf, ausreichend Schlaf zu bekommen. Ein erwachsener Mensch benötigt zwischen 7 und 8 Stunden Schlaf. Von Mensch zu Mensch kann dies aber auch variieren. Hören Sie am besten auf Ihren eigenen Körper!

- **Entspannungstechniken im Alltag**

Manche Entspannungstechniken lassen sich auch ganz einfach und unkompliziert in den Alltag integrieren. Hierzu zählen beispielsweise kurze Atemübungen oder auch kleine Pausen zur Entspannung. Diese kleinen Momente der Ruhe können bedeutsam dazu beitragen, Stress zu reduzieren und Ihren Blutzuckerspiegel zu stabilisieren.

- **Erdung**

Bei der sogenannten Erdung geht es darum, Kontakt zwischen dem eigenen Körper und der Erde herzustellen. Durch den Austausch elektrischer Energien und Frequenzen erfährt der Körper Entspannung und Stressabbau. Um sich zu erden, sollten Sie regelmäßig Ihr Schuhwerk ablegen und barfuß auf der Erde laufen, da synthetische Sohlen die Verbindung behindern. Erfahren Sie die Natur am eigenen Leib, indem Sie diese barfuß durchstreifen und bewusst erleben. Gummisohlen verhindern eine solche Erdung, da so kein Austausch freier Radikale zwischen der Erde und dem Körper stattfinden kann.

Morgenroutine

Vielleicht kennen Sie das auch: Es gibt einfach Tage, an denen man sprichwörtlich mit dem falschen Fuß aufsteht, Tage, an denen man direkt am Morgen weiß: „Das wird heute nicht mein Tag." Stopp! Dieses Denken gehört ab heute der Vergangenheit an! Es liegt nämlich ganz alleine an Ihnen, wie Sie in den Tag starten und was Sie aus Ihrem Tag machen! Gerade der Morgen bietet sich an, sich direkt als guten Start in den Tag selbst etwas Gutes zu tun. Damit legen Sie den Grundstein für einen entspannten und erfolgreichen Tag. Nehmen Sie sich gerade am Morgen ganz bewusst Zeit für sich und eingespielte Rituale, um den Tag so zu starten, wie Sie ihn auch beenden wollen: entspannt und glücklich. Morgendlicher Stress und Hektik sind hingegen Gift. Wer bereits morgens in Stress verfällt, wird sich schwertun, diesen Stress im Laufe des Tages abzulegen. Das hat natürlich wiederum negative Auswirkungen auf Ihr Wohlbefinden und Ihren Umgang mit Ängsten.

Besonders in der Ayurveda-Tradition wird ein großer Wert auf eine ausgewogene und gesunde Morgenroutine gelegt. Dadurch soll der Körper nicht nur gereinigt und gestärkt, sondern eben auch auf den anstehenden Tag und die damit einhergehenden Herausforderungen optimal vorbereitet werden. Doch wie sieht so eine Morgenroutine aus? Ein zentrales Element ist hierbei das Trinken von warmem Wasser direkt nach dem Aufstehen: die sogenannte „Dusche von innen".

Die „Dusche von innen" im Ayurveda

Der Begriff „Dusche von innen" stammt aus der Tradition des Ayurveda und bezieht sich auf das Trinken warmen Wassers direkt nach dem Aufwachen. Empfohlen wird dieses Ritual von zahlreichen Ärzten und Wissenschaftlern. Der Hintergrund: Der Körper wird so gereinigt und gestärkt. Das warme Wasser soll zudem die Verdauung unterstützen und den Körper direkt nach dem Schlafen wieder hydrieren. Das sorgt für ein gesundes Funktionieren des Organismus, was für unser Wohl-befinden und einen gesunden Start in den Tag von großer Bedeutung ist.

Zusätze

Nach Bedarf können Sie das warme Wasser mit verschiedenen Zusätzen anreichern. Dadurch können Sie die gesundheitlichen Vorteile maximieren. Eine beliebte Wahl ist zum Beispiel der Zu-satz von Zitrone, da diese reich an Vitamin C ist und dabei hilft, den Körper zu entgiften. Außerdem wird so das Immunsystem gestärkt. Ein weiterer beliebter Zusatz ist Kurkuma. Dieser werden entzündungshemmende Eigenschaften zugeschrieben. Zudem fördert sie die Verdauung. Auch ein kleiner Löffel Apfelessig kann eine große Wirkung entfalten: Er unterstützt die Verdauung und stabilisiert zudem den Blutzuckerspiegel.

Gesundheitliche Vorteile auf einen Blick

Das Trinken von warmem Wasser am Morgen hat zahlreiche gesundheitliche Vorteile: Zum einen hilft es dem Körper natürlich, nach dem Schlafen seine Wasserspeicher aufzufüllen und ihn zu hydrieren. Zum anderen wird auch die Verdauung unterstützt und der Stoffwechsel wird angekurbelt. Der Körper wird dadurch auch entgiftet. Nicht zu unterschätzen ist zudem die damit einhergehende Regulierung des Blutzuckerspiegels und damit die Verbesserung der allgemeinen Gesundheit.

Die Bedeutung einer regelmäßigen Morgenroutine

Schlussendlich lässt sich festhalten, dass eine regelmäßige Morgenroutine unser Wohlbefinden stark positiv beeinflussen kann. Indem Sie sich in den Morgenstunden bewusst Zeit für sich selbst nehmen und gesunde Routinen in Ihren Morgen integrieren, können Sie den Tag mit positiver Energie starten und sich damit optimal auf bevorstehende Herausforderungen vorbereiten. Ganz besonders die Ayurveda-Morgenroutine mit warmem Wasser hat sich als erfolgversprechende und wohl-tuende Morgenroutine etabliert. Natürlich können Sie Ihre persönliche Morgenroutine um Rituale ergänzen, die Ihnen morgens ganz besonders guttun. Inspiration hierzu finden Sie auf den vorherigen Seiten dieses Ratgebers.

Gesunde Schlafroutine

Neben einer beruhigenden Morgenroutine ist auch eine gesunde Schlafroutine essentiell für Ihr Wohlbefinden und Ihre Gesundheit. Im Schlaf verarbeitet der Körper sämtliche Eindrücke des er-lebten Tages und füllt gleichzeitig seine Energiereserven für den anstehenden Tag wieder auf. Wahrscheinlich kennen Sie selbst das Gefühl, unausgeschlafen zu sein – und vor allem auch die Konsequenzen, die damit einhergehen: Sie fühlen sich müde und energielos, haben keine Geduld und können sich nur schlecht konzentrieren. Kurzum: Der komplette Tag wird von mangelndem Schlaf überschattet. In die-

sem Zustand haben natürlich auch Ängste leichtes Spiel: Sie haben ohne ausreichend Schlaf gar nicht die mentalen Kapazitäten und die Energie, um gegen Ängste effektiv vorzugehen. Im Umgang mit Ihren Ängsten benötigen Sie einen fitten und ausgeruhten Körper und Geist. Ohne ausreichend Schlaf werden Sie diesen jedoch nicht erlangen können. Was an dieser Stelle ebenfalls wichtig zu erwähnen ist: Schlaf ist nicht gleich Schlaf. Doch was bedeutet das genau? Nur weil Sie täglich 8 Stunden in Ihrem Bett verbringen, bedeutet das nicht zwingend, dass Sie auch erholsam schlafen. Viele Personen haben nämlich nicht nur enorme Einschlafprobleme, sondern schlafen auch in der Nacht sehr unruhig, wachen immer wieder auf und kommen nur schwer zur Ruhe. Mit einem erholsamen und gesunden Schlaf hat das leider wenig zu tun! Aus diesem Grund erfahren Sie nun, wie Sie Ihre Schlafqualität tatsächlich verbessern können, um schließlich ausgeruht und fit in den Tag starten zu können.
Vermeiden Sie blaues Licht und digitale Medien vor dem Schlafengehen

Wer kennt es nicht: das minutenlange Scrollen auf dem Handy, wenn man schon längst im Bett liegt und eigentlich schlafen sollte. Tatsächlich sollen Sie aber genau das in Zukunft nicht mehr machen. Der Konsum von blauem Licht, das von Handys oder Tablets abgegeben wird, hat auf unseren Körper und Geist nämlich eine aufputschende Wirkung und stört damit unseren Schlaf. Experten empfehlen daher, etwa eine Stunde vor dem Schlafengehen auf den Einsatz elektronischer Geräte zu verzichten. Wussten Sie zum Beispiel, dass das von elektronischen Geräten freigesetzte Blaulicht die Produktion von Melatonin hemmt? Das Hormon Melatonin wird vom Körper als Reaktion auf Dunkelheit produziert und signalisiert dem Körper so, dass es Zeit ist, zur Ruhe zu kommen. Es hilft also, den Schlaf zu fördern. Eine verringerte Ausschüttung dieses Hormons kann zu Schlaf-störungen oder einer unzureichenden Schlafqualität führen. Setzen Sie anstelle von elektronischen Geräten also lieber auf beruhigende Aktivitäten, wie zum Beispiel Lesen, Meditation oder ein Hör-buch.

Begrenzen Sie den Informationsfluss

Wir leben in einem Zeitalter, in dem wir von Informationen permanent überflutet werden. Dank Social Media und Co. kann es schnell passieren, dass unser Gehirn überlastet wird und es uns schwerfällt, zur Ruhe zu kommen und abzuschalten. Versuchen Sie daher, einige Stunden vor dem Schlafengehen den Informationsfluss bewusst einzuschränken. Dadurch hat Ihr Gehirn die Möglichkeit, sich zu entspannen und sich auf den Schlaf vorzubereiten.

Schaffen Sie eine schlaffördernde Umgebung
Auf einen gesunden Schlaf können Sie nicht nur sich selbst vorbereiten, sondern auch Ihre Schlaf-umgebung. Stellen Sie zum Beispiel sicher, dass Ihr Schlafzimmer abgedunkelt ist, und entfernen Sie störende Lichtquellen, beispielsweise von elektronischen Geräten. Außerdem sollten in Ihrem Schlafzimmer kühle Temperaturen vorherrschen. Experten empfehlen eine Raumtemperatur zwischen 18 und 20 Grad Celsius. Dadurch verhindern Sie ein Überhitzen Ihres Körpers während des Schlafens.

Entspannungsrituale vor dem Schlafengehen
Auch Entspannungsrituale vor dem Schlafengehen können dazu beitragen, dass Sie zur Ruhe finden. Empfehlenswert ist eine Anwendung dieser vor allem nach einem sehr ereignisreichen und turbulenten Tag. Finden Sie für sich selbst heraus, welches Ritual Sie vor dem Schlafengehen am besten zur Ruhe bringen kann. Es kann sich dabei um das Lesen eines Buches, das Hören von Musik oder auch das Praktizieren bestimmter Übungen (z. B. Atemübungen, Meditation, Yoga, Visualisierung ...) handeln. Als schönes Abendritual bietet sich auch die Methode „Heiße 7“ an: Hier-bei handelt es sich um ein Schüßler-Salz, das in 0,2 Liter kochendem Wasser aufgelöst wird und in kleinen Schlucken getrunken werden soll. Jeder Schluck soll dabei kurz im Mund behalten werden, um das Salz vollständig aufzunehmen. Sie erlangen durch dieses Ritual mehr Ruhe und Entspannung.

Schaffen Sie feste Schlafenszeiten
Für den Körper sind Rituale und Gewohnheiten enorm wichtig. Daher ist es sinnvoll, feste Schlafenszeiten zu etablieren, an die Sie sich größtenteils strikt halten. Versuchen Sie, jeden Tag möglichst zur selben Uhrzeit ins Bett zu gehen und aufzustehen, um Ihre Schlafqualität zu verbessern.

Gesunde Ernährung und regelmäßige Mahlzeiten

Für unsere geistige und körperliche Gesundheit spielt natürlich auch eine ausgewogene, gesunde und vor allem regelmäßige Ernährung eine große Rolle. Um den Blutzucker stabil zu halten und so Stress im Körper zu vermeiden, ist es ganz besonders wichtig, Mahlzeiten regelmäßig zu sich zu nehmen.

Die Bedeutung von regelmäßigen Mahlzeiten
Das regelmäßige Einnehmen von Mahlzeiten in geregelten Abständen hilft dabei, den Blutzucker-spiegel konstant zu halten und unerwünschte Ausschläge zu vermeiden. Dies ist wichtig, da unkontrollierte Schwankungen im Blutzuckerspiegel zu Stressreaktionen im Körper führen können, die sich wiederum negativ auf unser allgemeines Wohlbefinden auswirken.

Unverarbeitete Lebensmittel und ausreichend Proteine

Bei der Planung Ihrer Mahlzeiten ist es wichtig, dass Sie vor allem auf frische und unverarbeitete Lebensmittel setzen. Den größten Teil unserer Ernährung sollten dabei frisches Gemüse und Obst, Vollkornprodukte und gesunde Fette ausmachen. All diese Lebensmittel liefern Ihnen wichtige Nährstoffe und Vitamine, die lange sättigen und somit dazu beitragen, Heißhungerattacken und übermäßiges Essen zu vermeiden.

Wichtig ist zudem auch die ausreichende Einnahme von Proteinen zu jeder Mahlzeit. Als besonders proteinreiche und gesunde Lebensmittel haben sich mageres Fleisch, Fisch, Nüsse, Hülsenfrüchte und Samen etabliert. Auch sie helfen dabei, den Blutzuckerspiegel stabil zu halten. Außerdem sor-gen sie für ein langanhaltendes Sättigungsgefühl, was uns hilft, Energie konstant bereitzustellen. Dadurch fühlen wir uns zwischen den Mahlzeiten weniger schlapp und müde.

Tipps für regelmäßige Mahlzeiten:

- Planen Sie Ihre Mahlzeiten stets im Voraus und halten Sie sich an feste Essenszeiten. Bewährt haben sich hierbei mindestens drei feste Mahlzeiten am Tag.
- Vermeiden Sie das Auslassen von Mahlzeiten sowie lange Zeiten ohne Nahrung, da diese zu ungesunden Essgewohnheiten und zu unregelmäßigen Anstiegen des Blutzuckerspiegels führen.
- Achten Sie darauf, Ihre Mahlzeiten langsam und bewusst zu genießen. Lassen Sie sich währenddessen nicht von elektronischen Geräten, wie zum Beispiel dem Fernseher, ablenken.
- Sollte zwischen den Mahlzeiten doch Hunger aufkommen, greifen Sie zu gesunden Snacks, wie zum Beispiel Obst, Nüsse oder Gemüsesticks.

Drei gesunde Rezepte für den Tag

Frühstück:

BEEREN-CHIA-PUDDING

Nährwerte: 310 kcal, 25 g Kohlenhydrate, 12 g Fett, 10 g Eiweiß

Anzahl der Portionen: 2
Schwierigkeitsgrad: leicht
Zubereitungsdauer: 5 Minuten

Zutaten:
2 EL Chiasamen
150 ml pflanzliche Milch (z. B. Mandelmilch oder Hafermilch)
1 Teelöffel Ahornsirup oder Honig (optional)
1/2 Teelöffel Vanilleextrakt
Eine Handvoll frische Beeren (z. B. Blaubeeren, Himbeeren, Erdbeeren)
1 Esslöffel gehackte Mandeln oder Walnüsse

Zubereitung:

• In einer Schüssel Chiasamen, pflanzliche Milch, Ahornsirup (falls verwendet) und Vanilleextrakt vermischen. Gut umrühren, um zu vermeiden, dass sich Klumpen bilden.

• Die Schüssel abdecken und den Chia-Pudding mindestens 2 Stunden oder am besten über Nacht in den Kühlschrank stellen und quellen lassen, bis er eine puddingartige Konsistenz erreicht.

• Den Chia-Pudding aus dem Kühlschrank nehmen und gründlich umrühren. Bei Bedarf etwas mehr pflanzliche Milch hinzufügen, um die Konsistenz nach Belieben zu verbessern.

• Den Beeren-Chia-Pudding in eine Schüssel oder ein Glas geben und mit frischen Beeren und gehackten Mandeln oder Walnüssen garnieren.

• Genießen Sie Ihren entzündungshemmenden Beeren-Chia-Pudding als gesundes und sättigendes Frühstück.

Hauptmahlzeit:
MEDITERRANER FISCH MIT OFENGEMÜSE
Nährwerte: 125 kcal, 54 g Kohlenhydrate, 51 g Fett, 72 g Eiweiß

Anzahl der Portionen: 4
Schwierigkeitsgrad: leicht
Zubereitungsdauer: 30 Minuten

Zutaten:
1 kleine Knolle Fenchel
5 EL Olivenöl
1 Zwiebel
1 Dose Kirschtomaten (240 g)
50 g schwarze Oliven ohne Kern
3 Zweige Rosmarin
Salz
schwarzer Pfeffer, frisch gemahlen
3 Zweige Thymian
4 Fischfilets á ca. 150–200 g (insgesamt 600 g)
1 Zitrone
2 Knoblauchzehen
1 Vollkornbaguette

Zubereitung:
- Den Ofen auf 200 °C Ober-/Unterhitze vorheizen.
- Die Fenchelknolle in dünne Scheiben schneiden und in eine Auflaufform geben. Mit 3 EL Olivenöl beträufeln und gut vermischen.
- Die Zwiebel in Ringe schneiden und zusammen mit den Kirschtomaten und den entkernten schwarzen Oliven zu dem Fenchel in die Auflaufform geben.
- Thymian und Rosmarin über das Gemüse streuen und mit Salz und frisch gemahlenem schwarzen Pfeffer würzen.
- Die Fischfilets auf das Gemüse legen und mit etwas Olivenöl beträufeln.
- Die unbehandelte Zitrone in dünne Scheiben schneiden und auf den Fisch legen.
- Die Knoblauchzehen fein hacken und über den Fisch und das Gemüse streuen.
- Die Auflaufform in den vorgeheizten Ofen geben und den Fisch zusammen mit dem Gemüse etwa 20 Minuten lang backen, bis der Fisch durchgegart und das Gemüse weich ist.
- Während der Backzeit das Vollkornbaguette in Scheiben schneiden.
- Den mediterranen Fisch mit Ofengemüse aus dem Ofen nehmen und zusammen mit dem Vollkornbaguette servieren.

Snack:
GESUNDE GEMÜSECHIPS
Nährwerte: 100 kcal, 20 g Kohlenhydrate, 2 g Fett, 2 g Eiweiß

Anzahl der Portionen: 2
Schwierigkeitsgrad: leicht
Zubereitungsdauer: 5 Minuten

Zutaten:
2 Rote Bete
2 Süßkartoffeln
2 Pastinaken
2 EL Olivenöl
Salz und Gewürze nach Geschmack (z. B. Paprika, Kreuzkümmel, Knoblauchpulver)

Zubereitung:
- Die Rote Bete, Süßkartoffeln und Pastinaken abziehen und jeweils in dünne Scheiben schneiden.
- Die Gemüsescheiben in einer Schüssel mit Olivenöl, Salz und Gewürzen vermengen.
- Die gewürzten Gemüsescheiben auf ein Backblech geben und gleichmäßig verteilen.
- Im vorgeheizten Ofen bei 180 °C Ober-/Unterhitze für etwa 20–25 Minuten backen, bis die Chips knusprig sind.
- Die gesunden Gemüsechips als Snack oder Fingerfood servieren.

Mit Hilfe dieser Tipps gelingt es Ihnen garantiert, regelmäßig und gesund zu essen und so Ihren Blutzuckerspiegel auf einem konstanten Level zu halten. Dadurch vermeiden Sie körperlichen Stress und tragen aktiv zu Ihrem Wohlbefinden und einem entspannten Tag bei!

Koffein, Alkohol, Nikotin & Co.

Für viele sind sie ein fester Bestandteil ihres Lebens: Koffein, Alkohol, Nikotin und Co. Dabei können diese Stimulanzien einen extrem negativen Einfluss auf unser Wohlbefinden und unsere Gesundheit haben und uns damit auch negativ im Umgang mit Ängsten beeinflussen. Zwar wäre es für viele Menschen utopisch, auf die eben genannten Substanzen komplett zu verzichten, allerdings sollte man anstreben, den Konsum dieser zu reduzieren. Ein erster, wichtiger Schritt ist hierbei, sich über die negativen Auswirkungen von Alkohol und Co. bewusst zu werden:

Auswirkungen von Stimulanzien auf den Schlaf

Auf den vorherigen Seiten haben Sie bereits erfahren, weshalb ein gesunder Schlaf so wichtig für unser Wohlbefinden und unsere allgemeine Gesundheit ist. Leider können Koffein, Alkohol und Nikotin die Qualität unseres Schlafes enorm beeinträchtigen. All diese Substanzen haben nämlich eine anregende Wirkung auf den Körper und können so dazu führen, dass Sie weniger gut in den Schlaf finden oder gar Schlafprobleme entwickeln. Ganz besonders Koffein kann bis zu sechs Stunden nach Einnahme im Körper wirken und die Qualität Ihres Schlafes erheblich negativ beeinflussen. Koffein ist übrigens nicht nur in Kaffee enthalten, sondern auch in manchen Teesorten, Schokolade und einigen Erfrischungsgetränken. Vermeiden Sie also mindestens sechs Stunden vor dem Schlafengehen den Konsum koffeinhaltiger Produkte.

Weitere Auswirkungen auf Körper und Geist:

- **Koffein:** Koffein ist dafür bekannt, stimulierend auf den Körper zu wirken und die Herzfrequenz zu erhöhen. Außerdem wird die Wachsamkeit gesteigert und die Stimmung wird vorübergehend verbessert. Die Betonung liegt hierbei jedoch auf „vorübergehend" – nach dem Hoch kommt meistens nämlich auch ein Tief. Dadurch kann eine gefährliche Abhängigkeit entstehen. Über-mäßiger Koffeinkonsum kann zu Nervosität, Magenproblemen, Herzrasen und Schlafstörungen führen – also zu Symptomen, die Sie auch von Panikattacken kennen.

- **Alkohol:** Bei Alkohol handelt es sich um ein kurzfristiges zentralnervöses Depressivum, das für einen kurzen Moment eine entspannende Wirkung hat. Aber Vorsicht: Ein übermäßiger Alkohol-konsum kann zu zahlreichen gesundheitlichen Problemen führen, darunter Leberschäden, Krebs, Herzkrankheiten oder psychische Probleme. Angstzustände können dadurch massiv gefördert werden!

- **Nikotin:** Nikotin ist eine chemische Substanz, die vor allem in Tabakprodukten wie Zigaretten enthalten ist. Auch diese Substanz hat eine stimulierende Wirkung und kann die Herzfrequenz sowie den Blutdruck erhöhen. Außerdem kann die Atmung beschleunigt werden. Ein regelmäßiger und langfristiger Nikotinkonsum hat erhebliche gesundheitliche Folgen. Mögliche damit ein-hergehende Gesundheitsprobleme sind Lungenkrebs, Herz- und Atemwegserkrankungen.

Strategien zur Reduzierung des Konsums:

- **Bewusstsein schaffen:** Ein grundlegender Schritt gegen Alkohol und Co. ist das Schaffen eines Bewusstseins über die Auswirkungen dieser Substanzen. Informieren Sie sich ausgiebig über mögliche negative Konsequenzen und sprechen Sie auch gerne Ihren Arzt oder Therapeuten da-rauf an. Je mehr Sie über die damit einhergehenden Risiken wissen, desto eher werden Sie bereit sein, Ihren Konsum zu reduzieren oder sogar ganz einzustellen.

- **Alternative Getränke:** Besonders koffeinhaltige Getränke lassen sich leicht durch leckere Alter-nativen ersetzen. Hierfür bieten sich beispielsweise Kräutertees und Zitronenwasser an. Mittler-weile gibt es auch koffeinfreien Kaffee oder alkoholfreie Getränke. Auch Smoothies oder Säfte sind eine sinnvolle Alternative. Zur Vermeidung von Nikotin sollten Sie in Erwägung ziehen, komplett mit dem Rauchen aufzuhören und sich hierfür gegebenenfalls Unterstützung bei diesem Prozess zu suchen.

- **Stressmanagement:** Viele Menschen greifen auf Stimulanzien wie Alkohol, Koffein und Nikotin zurück, um Stress zu bekämpfen. Auf Dauer ist dies jedoch eher kontraproduktiv. Zur Stressbewältigung sollten Sie stattdessen auf alternative Strategien, wie zum Beispiel Meditation, Yoga oder Atemübungen, setzen.

Bonusmaterial: Die Körperscan-Meditation

Herzlich willkommen zu dieser geführten Meditation! Machen Sie es sich bequem, bevor es gleich auf eine kleine Reise durch Ihren Körper geht. Setzen oder legen Sie sich bequem hin und schließen Sie sanft Ihre Augen. Beginnen Sie nun, sich auf Ihre Atmung zu konzentrieren. Atmen Sie ganz ruhig ein und wieder aus. Ein und aus. Nehmen Sie Ihren Atem ganz bewusst wahr und blenden Sie Ihre Umgebung langsam aus.

Atmen Sie nochmals tief und ruhig ein und lassen Sie beim Ausatmen jegliche Anspannung aus Ihrem Körper weichen. Sie können förmlich spüren, wie Sie die Anspannung verlässt und Ihr Kör-per mit jedem Atemzug immer schwerer wird. Lassen Sie Ihren Körper weiter zur Ruhe kommen und konzentrieren Sie sich auf Ihre körperliche Wahrnehmung. Aufkommende Gedanken lassen Sie einfach vorbeiziehen – wie Wolken, die Sie am Himmel beobachten.

Wir beginnen nun gemeinsam mit einem kleinen Körperscan, der Sie in eine noch tiefere Entspannung versetzen wird. Beginnen Sie mit Ihren Füßen und spüren Sie ganz genau, wie sie sich in diesem Moment anfühlen. Sind sie warm oder kühl? Spüren Sie Spannungen oder Unbehagen? Alle Gefühle und Empfindungen haben eine Berechtigung, ohne dass wir sie weiter bewerten. Erlauben Sie Ihren Füßen nun, sich völlig zu entspannen. Vergessen Sie dabei nicht, ruhig und entspannt weiterzuatmen.

Von den Füßen wandert Ihre Aufmerksamkeit nun nach oben zu Ihren Waden und zu Ihren Knien. Spüren Sie auch dort intensiv die Muskeln und Gelenke. Was können Sie spüren? Lassen Sie jede Spannung los, die Sie dort vielleicht verspüren, und erlauben Sie auch Ihren Waden und Ihren Knien, sich entspannt und schwer anzufühlen.

Ihre Aufmerksamkeit wandert nun weiter zu den Oberschenkeln und zu Ihrem Becken. Spüren Sie die Kontaktstellen Ihres Körpers mit dem Untergrund? Nehmen Sie die Schwerkraft, die Ihren Kör-per sanft nach unten zieht, ganz bewusst wahr und entspannen Sie sich noch mehr. Atmen Sie weiter tief ein und aus. Lassen Sie Ihren Körper dabei schwer werden.

Wandern Sie nun gedanklich weiter zu Ihrem Bauch und Ihrer Brust. Spüren Sie, wie sich Ihr Brust-korb mit jedem Atemzug hebt und wieder senkt. Entspannen Sie Ihre Bauchmuskulatur und lassen Sie los. Dabei öffnet und weitet sich Ihr Brustkorb. Sie atmen weiter tief und ruhig.

Ihre Aufmerksamkeit richtet sich nun auf Ihre Schultern, Ihre Arme und Ihre Hände. Lassen Sie diese Bereiche Ihres Körpers schwer und entspannt werden. Jede Anspannung lassen Sie los. Auch Ihre Hals- und Nackenmuskulatur entspannen sich mit jedem Atemzug.

Wandern Sie nun weiter, bis Ihre Aufmerksamkeit bei Ihrem Kopf und Ihrem Gesicht angelangt ist. Entspannen Sie Ihre Gesichtszüge: Ihre Stirn und Ihre Wangen und erlauben Sie auch Ihren Kiefermuskeln, sich zu lockern. Einzig und allein Ihre Nase arbeitet weiter und atmet ganz entspannt tief ein und aus.

Nehmen Sie sich nun die Zeit, ganz bewusst wahrzunehmen, wie Ihr ganzer Körper in völliger Entspannung verweilt. Genießen Sie die Ruhe und Gelassenheit und halten Sie einen Moment inne, während Sie weiter ruhig und tief atmen.

Wenn Sie sich bereit dazu fühlen, kommen Sie langsam wieder ins Hier und Jetzt zurück. Lenken Sie Ihre Aufmerksamkeit erneut auf Ihre Atmung und öffnen Sie ganz langsam und behutsam Ihre Augen. Fühlen Sie nochmals in sich hinein und spüren Sie, wie frisch und gestärkt Sie sich fühlen. Mit Hilfe dieser Meditation können Sie jederzeit in diesen Zustand zurückgelangen. Nehmen Sie die positive Energie aus dieser Übung mit in Ihren restlichen Tag und lassen Sie sich von der gerade erlangten Entspannung und Gelassenheit treiben.

Ängsten und Panik begegnen

Sie sind nun am Ende dieses Ratgebers angelangt und haben auf den letzten Seiten alles Wissenswerte rund um den richtigen Umgang mit Ängsten und Panikstörungen erfahren. Sie haben nicht nur gelernt, Panikstörungen auf einer theoretischen Ebene besser zu verstehen, sondern vor allem auch zahlreiche Mittel und Wege kennengelernt, um Ängsten den Kampf anzusagen. Sie wissen nun, dass Sie Ihren Ängsten und Panikattacken keinesfalls hilflos ausgeliefert sind – ganz im Gegenteil: Sie sind der Regisseur Ihres Lebens und können es aktiv schaffen, den Teufelskreis der Angst zu durchbrechen!

Zugegeben: Es ist kein leichter Weg, denn auf diesem werden Ihnen immer wieder Hindernisse begegnen und vielleicht müssen Sie ab und zu auch einen kleinen Umweg nehmen. Dennoch wird Sie jeder noch so kleine Schritt Ihrem Ziel näherbringen. Sich dabei Hilfe durch Therapeuten und Spezialisten zu suchen, ist keineswegs ein Zeichen von Schwäche. Es gibt Wege, die müssen Sie nicht alleine gehen! Sich im richtigen Moment Hilfe zu suchen, ist mutig und ein echtes Zeichen von Stärke! Gemeinsam mit Ihrem Therapeuten können Sie einen Plan ausarbeiten, der an Ihre individuellen Bedürfnisse angepasst ist. Die perfekte Ergänzung hierzu finden Sie in dieser Lektüre. Wenn Sie sich die Ratschläge, Übungen und Tipps, die Sie auf den letzten Seiten gelesen haben, zu Herzen nehmen, werden Sie schon bald erste Erfolge verzeichnen und einen enorm positiven Einfluss auf Ihr Leben wahrnehmen. Sie werden schon bald an weniger Panikattacken und Ängsten leiden und einen zunehmend souveränen Umgang mit diesen finden.

Natürlich lassen sich Ängste nicht einfach wegzaubern – es macht jedoch einen großen Unter-schied, wie Sie auf Ihre Ängste reagieren. Die Werkzeuge zum richtigen Umgang mit Ängsten haben Sie nun in Ihrer eigenen Hand. Nun liegt es an Ihnen, diese auch anzuwenden und Ihren Ängsten endgültig den Kampf anzusagen! Seien Sie mutig und blicken Sie Ihrer Angst in die Augen. Lassen Sie Ihr Leben nicht weiter von Ängsten und Panikattacken bestimmen, sondern gewinnen Sie die Kontrolle zurück!

Quellenverzeichnis

• Baker, Roger (2016): Wenn plötzlich die Angst kommt: Panikattacken verstehen und überwinden.

• Bernhardt, Klaus (2017): Panikattacken und andere Angststörungen loswerden: Wie die Hirnforschung hilft Angst und Panik für immer zu besiegen.

• Haimerl, Christian (2015): Frei von Angst und Panikattacken in zwei Schritten.

• Lorenz, Clarissa (2024). Angststörungen und Panikattacken verstehen, behandeln und überwinden: Erfolgreiche Strategien zur Bewältigung für ein angstfreies Leben und mehr Gelassenheit.